CIUDADANIA AMERICANA 2024

LA GUÍA DE ESTUDIO PARA ENFRENTAR EL EXAMEN DE NATURALIZACIÓN SIN DUDAS

14 EXÁMENES DE PRÁCTICA:
8 DE EDUCACIÓN CÍVICA
2 DE LECTURA
2 DE ESCRITURA
2 DE EXPRESIÓN ORAL

CAPÍTULOS TEÓRICOS CLAROS Y CONCISOS

LAS 100 PREGUNTAS DE USCIS CON EXPLICACIONES COMPLETAS DE LAS RESPUESTAS

INCLUYE UN ANÁLISIS EXHAUSTIVO DE LAS 100 PREGUNTAS DE EDUCACIÓN CÍVICA DE USCIS

Flashcards Bonus

Estimado estudiante, gracias por la confianza que nos está dando al elegir nuestra "Guía de Estudio para el Examen de Ciudadanía de los Estados Unidos".

Vaya a la página 52 para recibir sus 100 flashcards imprimibles ahora.

ÍNDICE

Introducción al Examen de Naturalización/ Ciudadanía de los Estados Unidos

El Servicio de Ciudadanía e Inmigración de los Estados Unidos (USCIS, por sus siglas en inglés) realiza el examen de naturalización para garantizar que la persona que solicita sea elegible y cumpla con todos los requisitos para convertirse en ciudadano estadounidense.

Antes del examen real (también llamada "Entrevista"), USCIS realiza una investigación de los antecedentes del solicitante para verificar que cumpla con los requisitos enumerados en el siguiente capítulo.

Una vez que se determina que el candidato cumple con los requisitos, se le llama para el Examen de naturalización, también conocido como la Entrevista. Durante la entrevista, un oficial de USCIS verifica el dominio del inglés del solicitante haciéndole preguntas sobre sus antecedentes y pidiéndole que lea y escriba algunas oraciones simples. Esta parte del Examen se llama "Examen de inglés."

Finalmente, el oficial de USCIS le hace preguntas adicionales al candidato para verificar que tiene conocimientos básicos sobre la historia estadounidense, el gobierno estadounidense y la educación cívica. Esta segunda parte del Examen se llama " Examen de educación cívica".

Esta guía le informará sobre los requisitos, el proceso y el material de aprendizaje para aprobar su Examen de naturalización.

Elegibilidad y Requisitos para Solicitar el Examen de Naturalización/ Ciudadanía de los Estados Unidos

Factores de Elegibilidad

La elegibilidad depende principalmente de los siguientes factores:

- Duración de la tarjeta verde y circunstancias especiales

- Servicio militar

- Duración de la estadía física en los EE.UU.

Condiciones de Elegibilidad

- Si es titular de una Tarjeta Verde y ha vivido en los Estados Unidos durante al menos 30 meses (2.5 años), es elegible para solicitar la naturalización después de 5 años de obtener su Tarjeta Verde.

- Si es titular de una Tarjeta Verde y está casado con un ciudadano estadounidense, y ha vivido en los Estados Unidos por un mínimo de 18 meses (1.5 años), es elegible para solicitar la naturalización después de 3 años de obtener su Tarjeta Verde.

- Si NO es titular de una tarjeta Verde, pero ha servido en el ejército de los Estados Unidos durante al menos 1 año en tiempos de paz, puede solicitar la naturalización mientras está en servicio activo o dentro de los seis meses posteriores a la separación honorable del servicio militar.

- Si usted es viudo(a) de un ciudadano estadounidense que perdió la vida mientras servía en el ejército, es elegible para solicitar la naturalización sin una Tarjeta Verde o condiciones de residencia física.

- Si es titular de una Tarjeta Verde y tiene menos de 1 año de servicio militar en tiempos de paz, ha vivido físicamente en los Estados Unidos durante al menos 30 meses (2.5 años) lo hace elegible para solicitar la naturalización después de 5 años de obtener su Tarjeta Verde.

- Si es titular de una Tarjeta Verde con al menos 1 año de servicio militar y ha sido dado de baja honorablemente del servicio más de 6 meses antes, una experiencia de vida de 30 meses (2.5 años) lo hace elegible para solicitar la naturalización después de 5 años de obtener su Tarjeta Verde.

- Si ha servido en el ejército durante la guerra, es elegible para solicitar la naturalización en cualquier momento sin la condición de vida física y/o la posesión de una Tarjeta Verde.

Requisitos de Elegibilidad

Los criterios de elegibilidad anteriores también deben cumplir con los siguientes requisitos para ser elegible para el proceso de convertirse en ciudadano estadounidense a través de la naturalización.

- Su edad mínima debe ser de 18 años o más.

- El "buen carácter moral" es un requisito imprescindible. En términos simples, no debe haber participado en ninguna actividad criminal o ilegal durante su vida. Si se descubre que miente durante o después de su entrevista de naturalización sobre sus antecedentes penales, dará lugar a la cancelación inmediata de su proceso de naturalización y no será elegible en el futuro.

- Debe haber permanecido en el estado de los Estados Unidos donde planea convertirse en residente por un mínimo de tres meses.

- Durante su período de espera de 3 o 5 años (según las condiciones), no puede realizar viajes fuera de los EE.UU. durante seis meses o más.

- Un examen de naturalización de dos partes: una prueba de idioma inglés (que se analizará en detalle en las secciones a continuación, que consiste principalmente en el dominio del idioma en lectura, escritura y expresión oral) y una prueba de educación cívica (también se analizará más adelante, esta sección consiste en conocimientos básicos de la historia y el gobierno de los Estados Unidos).

- Si es hombre y ha vivido en los Estados Unidos entre las edades de 18 y 25 años, debe registrarse voluntariamente en el Sistema de Servicio Selectivo.

- Debe ser voluntario para servir en el servicio militar de los Estados Unidos o hacer el servicio civil cuando se le solicite.

Excepciones para Discapacitados y Personas Mayores

- Un titular de la Tarjeta Verde cuya edad es de 50 años o más y que ha vivido en los Estados Unidos durante al menos 20 años está exento del "requisito de idioma inglés". Por lo tanto, el candidato no tendrá que tomar el Examen de inglés y puede tomar el Examen de educación cívica en su idioma nativo.

- Un titular de la Tarjeta Verde de 55 años o más que haya vivido en los Estados Unidos durante al menos 15 años está exento del "requisito de idioma inglés". Por lo tanto, el candidato no tendrá que tomar el Examen de inglés y puede tomar el Examen de educación cívica en su idioma nativo.

- Un titular de la Tarjeta Verde de 55 años o más que haya vivido en los Estados Unidos durante al menos 15 años está exento del "requisito de idioma inglés". Por lo tanto, el candidato no tendrá que tomar el Examen de inglés y puede tomar el Examen de educación cívica en su idioma nativo. Además, en el examen de educación cívica, el candidato debe estudiar solo 20 de las 100 preguntas obligatorias. Dentro del capítulo sobre las 100 preguntas del Examen de educación cívica de USCIS en esta guía, las 20 preguntas para personas mayores de 65 años que vivieron en los Estados Unidos durante al menos 20 años se resaltan con un asterisco (*).

- Los solicitantes relacionados con discapacidades médicas que han vivido o planean vivir en los Estados Unidos durante al menos 1 año no están obligados a tomar los Exámenes de educación cívica y de inglés. Sin embargo, se les exigirá que presenten certificaciones médicas para la exención de uno o ambos.

Atención: a menos que pertenezca a una de las categorías de exención descritas en este capítulo, deberá hacer todo el examen en inglés.

Por este motivo, los exámenes prácticos de esta guía están en inglés.

Reprobar el Examen de Inglés o Educación Cívica, Ambas o Algunas Partes

Si un solicitante no pasa el examen de inglés o algunas de sus partes o el examen de educación cívica, el USCIS programa una nueva fecha de examen para el solicitante dentro de los próximos 2-3 meses después del primer intento.

Cuando el solicitante reaparece para el Examen reprogramado, se le hace un nuevo conjunto de preguntas que son completamente diferentes del Examen anterior. Además, el oficial examinador solo está obligado a evaluar al solicitante en las áreas en las que ha fallado anteriormente y no requiere el examen completo. Por ejemplo, si un solicitante ha reprobado la prueba de expresión oral, en el Examen reprogramado, solo se le evaluará para la prueba de expresión oral.

Si después de la reprogramación, el solicitante no es elegible para satisfacer al oficial con sus respuestas, el oficial debe denegar su solicitud e indicar el motivo de la denegación de la naturalización al solicitante. Además, también debe indicar otras razones similares que podrían haber llevado al fracaso del solicitante, aparte de su fracaso educativo. Los resultados del examen se documentan en el archivo del solicitante, que se envía al USCIS en caso de falla o aprobación del examen para tener un registro del proceso de examen del solicitante.

Examen de Inglés – Cómo Funciona

Esta parte del examen requerirá la demostración de conocimientos básicos del idioma inglés. El solicitante debe poder demostrar experiencia de nivel básico en escritura, lectura y expresión oral. Debe tenerse en cuenta que esta no es un examen de inglés profesional. Si un solicitante no tiene un dominio perfecto del idioma y el acento estadounidense, aún puede ser considerado elegible.

Este examen comprende tres partes que se discutirán en detalle a continuación:

Examen de Expresión Oral

Un oficial de USCIS designado le hará algunas preguntas al solicitante y determinará su comprensión del idioma. La capacidad de expresión oral del solicitante está determinada por la precisión en términos de gramática y contenido de sus respuestas. Si el solicitante no puede entender una pregunta, el oficial la repetirá e incluso la reformulará para asegurarse de que el solicitante la entienda por completo. Si el solicitante no puede responder la pregunta después de reformular repetidamente, el oficial sabrá que el solicitante no puede entender completamente el idioma inglés. Si el solicitante entiende completamente las preguntas formuladas por el oficial y tiene suficiente vocabulario para responder y satisfacer al oficial, el solicitante pasa el examen de expresión oral. En caso de que el solicitante no pueda dar respuestas satisfactorias, reprobará esta parte. Sin embargo, el solicitante aún será elegible para el resto del examen, que incluye escritura, lectura y el examen de educación cívica.

Examen de Lectura

El candidato recibirá un máximo de 3 oraciones en inglés y debe poder leer al menos 1 de ellas correctamente. Cuando el solicitante lee correctamente una oración, pasa esta sección y el oficial pasa a la siguiente sección. El solicitante no está obligado a leer a fondo cada palabra de la oración, puede omitir algunas palabras y también puede cometer errores durante la pronunciación. Mientras el significado de la oración permanezca intacto, el solicitante aún puede aprobar esta sección del Examen.

El fracaso del examen puede deberse a una de las siguientes razones:

- El solicitante no pudo leer correctamente al menos 1 frase.

- Él o ella estaba cometiendo errores de pronunciación extremos que resultaron en cambiar todo el significado de la oración.

- Se tomaba un tiempo extra entre palabras para pronunciar o leer una sola oración.

- Omitió una palabra o usó una palabra sustituta que cambió el significado de la oración.

Examen de Escritura

Algo similar a la sección anterior, este examen requiere que el solicitante escriba correctamente una de las tres oraciones. El oficial dicta oralmente la oración al solicitante y el solicitante debe escribirla de manera que el oficial pueda comprender completamente su significado. El solicitante no puede usar formas cortas para las palabras. Una vez que el solicitante escribe con éxito una oración que es comprensible para el oficial, el examen se detiene.

No se requiere que el solicitante tenga competencia profesional en gramática, puntuación u ortografía. Solo se requiere que tenga un nivel básico de comprensión y dominio de la escritura en inglés. Un solicitante puede aprobar el Examen incluso si:

- Comete errores gramaticales, de puntuación u ortográficos.

- Omite algunas palabras que no cambian el significado de la oración.

- Escribe los números en dígitos o en ortografía inglesa.

El candidato suspende el examen cuando no puede transmitir el significado de la oración que ha escrito. En resumen, comete suficientes errores como para cambiar el contexto y el significado de la oración. Además, el candidato reprobará la parte escrita del examen si escribe:

- Una oración o palabra completamente diferente.

- Una forma corta de la(s) palabra(s) dada(s).

- Una frase que no tiene todo el sentido.

Examen de Educación Cívica – Cómo Funciona

Como se discutió anteriormente, un solicitante que solicita la ciudadanía estadounidense debe poder demostrar un nivel básico de conocimiento de la educación cívica, la historia de los Estados Unidos y los principios básicos y la forma de gobierno de los Estados Unidos.

La estructura del examen de educación cívica requiere que el oficial de USCIS le haga al candidato 10 de las 100 preguntas que forman parte de la lista oficial de preguntas del examen de educación cívica de USCIS (encontrará la lista completa de las 100 preguntas de USCIS con explicaciones de respuestas guiadas en los próximos capítulos).

Para aprobar el Examen, el candidato debe responder correctamente al menos 6 de las 10 preguntas que se le harán.

Este examen se toma para servir como un instrumento de aprendizaje cívico y para inculcar la integridad cívica en el solicitante durante su proceso de examen.

Técnicamente, a partir de hoy, hay 2 versiones del examen de educación cívica: la versión 2020 con 128 preguntas y la versión 2008 con 100 preguntas.

En la práctica, sin embargo, a menos que haya solicitado entre el 1 de diciembre de 2020 y el 1 de marzo de 2021, deberá tomar la versión 2008 del Examen de educación cívica con 100 preguntas.

Dado que USCIS ha vuelto a la versión de 2008 debido a problemas técnicos/burocráticos, existe la oportunidad de tomar la versión de 2008 del Examen de educación cívica, incluso para aquellos que solicitaron desde el 1 de diciembre de 2020 hasta el 1 de marzo de 2021.

Lo que encontrará en la página siguiente es un esquema de aclaración

En caso de una solicitud presentada a partir del 1 de diciembre de 2020 y antes del 1 de marzo de 2021:

- Si la fecha de la primera entrevista es antes del 19 de abril de 2021, el solicitante puede realizar el Examen (o reexamen) en la versión de 2020 o 2008. Es una elección libre del solicitante.

- Si la fecha de la primera entrevista es el 19 de abril de 2021 o después, el solicitante debe tomar la versión 2008 del examen de Educación Cívica.

También debe saber lo siguiente sobre el Examen de educación cívica:

- Algunas preguntas tendrán más de una respuesta correcta y se le pedirá que proporcione solo una de ellas. Esto significa que aprender solo una respuesta correcta y no entrar en muchos detalles será suficiente para usted.

- Algunas preguntas tendrán una lista de posibles respuestas y se le pedirá que dé dos opciones correctas.

- Debe estar al tanto de los nombres de los líderes contemporáneos. Por ejemplo, el nombre del Presidente, el Vicepresidente, el presidente de la Cámara de Representantes, el gobernador de su estado, etc.

- Además, si tiene más de 65 años, es posible que deba estudiar solo 20 de las 100 preguntas y hacerse el examen en función de ellas. Las 20 preguntas para mayores de 65 años están marcadas con un asterisco (*). Los solicitantes de 50 a 55 años o más también tienen la opción de realizar el Examen en su idioma en condiciones especiales.

Estas son las tres materias de las que trata el Examen de Educación Cívica:

- El gobierno de los Estados Unidos

- Historia de Estados Unidos

- Educación cívica integrada

A medida que continúe leyendo esta guía, encontrará capítulos de revisión sobre cada uno de estos temas con toda la información que necesita para responder cada una de las 100 preguntas de USCIS.

Gobierno Estadounidense – Material de Estudio

Este capítulo cubre toda la información que necesita para responder correctamente a cada una de las 57 preguntas oficiales de USCIS relacionadas con el tema "Gobierno estadounidense."

Específicamente, aprenderá lo que necesita saber sobre los principios de la democracia estadounidense, el sistema de gobierno estadounidense y los derechos y responsabilidades de los ciudadanos estadounidenses.

Principios de la Democracia Estadounidense

La Constitución es la ley suprema del país, que protege los derechos básicos de los estadounidenses. La Constitución también establece y define el gobierno.

Acerca de cómo la Constitución define el gobierno, las primeras 3 palabras de la Constitución "nosotros, el pueblo" introducen el concepto de autogobierno. En este contexto, "nosotros, el pueblo" significa que son los propios ciudadanos los que deciden crear un gobierno. Las palabras "nosotros, el pueblo" también indican que los ciudadanos eligen representantes para hacer leyes, y la combinación de estas dos características define el concepto de autogobierno.

Con el tiempo, la Constitución de los Estados Unidos ha sufrido algunos cambios (enmiendas) para mejorar la protección de los derechos de sus ciudadanos. Una enmienda se puede definir como un cambio o adición a la Constitución. La primera enmienda de la Constitución de los Estados Unidos protege la libertad de expresión, reunión, prensa, petición al gobierno y religión. Las primeras 10 enmiendas hechas a la Constitución se denominan "Declaración de Derechos"." A pesar de que la Constitución entró en vigor en 1789 y ha estado en vigor durante más de 200 años, hasta la fecha, ha habido un total de solo 27 enmiendas a la Constitución.

Otro elemento que jugó un papel clave en la definición de los principios de la democracia estadounidense es la Declaración de Independencia, emitida el 4 de julio de 1776.

La Declaración de Independencia anunció y declaró la independencia de las 13 colonias británicas en el continente americano del Imperio Británico, marcando oficialmente el nacimiento de los Estados Unidos de América.

La Declaración de Independencia estableció los derechos a la libertad, la vida y la búsqueda de la felicidad para los estadounidenses. También estableció la libertad de religión, lo que significa que puedes practicar cualquier religión o no practicar una religión.

Desde que las trece antiguas colonias británicas de los Estados Unidos, que están representadas en la bandera de los Estados Unidos por 13 franjas, declararon su independencia de Gran Bretaña el 4 de julio de 1776, el 4 de julio se celebra todos los años como feriado nacional para conmemorar el Día de la Independencia del país.

Otro elemento que define los principios de la democracia estadounidense es el concepto de " Estado de Derecho." Esto significa que todos deben seguir la ley, los líderes deben seguir la ley, el gobierno debe seguir la ley y nadie está por encima de la ley.

El entorno de la economía también es importante para definir los principios fundacionales de los Estados Unidos. En este sentido, Estados Unidos tiene un sistema económico capitalista con una economía de mercado.

Sistema de Gobierno

De acuerdo con los principios democráticos del país, el gobierno de los Estados Unidos consta de tres poderes separados: legislativo, ejecutivo y judicial. Cada una de estas ramas tiene sus propios poderes que no son propios de las otras dos. Este sistema se construyó para evitar que una sola rama del gobierno tuviera tanto poder que pudiera escapar al control de las otras dos ramas. Este mecanismo de tener tres ramas separadas, cada una de las cuales tiene sus propios poderes y puede supervisar a las otras dos, se llama "Separación de Poderes" o "Controles y Equilibrios"."

El poder ejecutivo está encabezado por el Presidente. El Vicepresidente, el Gabinete (cuyas funciones incluyen asesorar al presidente.), y otros departamentos y comités ejecutivos también forman parte de esta rama. El poder judicial se encarga de revisar las leyes, explicarlas, resolver disputas sobre leyes federales y decidir si una ley va en contra de la Constitución o no. El Tribunal Supremo es el elemento más importante que conforma el poder judicial. Es el tribunal más alto de los Estados Unidos, y hasta la fecha consta de nueve (9) jueces: un Presidente del Tribunal Supremo y ocho Jueces Asociados. El Honorable John G. Roberts, Jr. es el actual Presidente del Tribunal Supremo.

El poder legislativo está formado por el Congreso, que comprende la cámara alta (Senado) y la cámara baja (Cámara de Representantes), que en conjunto también se denominan Legislatura Nacional o de los Estados Unidos. Están a cargo de hacer leyes federales y otras regulaciones.

En los Estados Unidos, cada estado tiene 2 senadores, y cada senador representa a todos los ciudadanos del estado en el que es elegido. Dado que los estados que forman parte de los Estados Unidos son 50, los senadores son 100. En cambio, el número de representantes varía de un estado a otro en función de la población de cada estado. Cuanto mayor sea la población de un estado, más representantes serán elegidos para representar a ese estado. El número de representantes en la Cámara de Representantes es de cuatrocientos treinta y cinco (435).

Cabe agregar que el sistema electoral de los Estados Unidos es un sistema bipartidista, lo que significa que hay dos partidos que dominan la escena política y compiten por la supremacía. Estos partidos son el Partido Demócrata y el Partido Republicano.

Los senadores son elegidos por un período de 6 años, y los representantes son elegidos por 2 años. Además, las elecciones presidenciales de los Estados Unidos tienen lugar cada 4 años (siempre en noviembre), y un presidente no puede servir más de 2 mandatos. Un Vicepresidente también es elegido para el mismo período y es el segundo en la línea del presidente de los Estados Unidos. En cualquier emergencia, si el Presidente no puede servir, el Vicepresidente se convierte automáticamente en Presidente. En el raro caso de que tanto el Presidente como el Vicepresidente no puedan servir, el presidente de la Cámara de Representantes se convierte en el Presidente.

El Presidente es el comandante en jefe de las Fuerzas Armadas. Además, tiene el poder de vetar proyectos de ley y firmarlos para que se conviertan en leyes, mientras que el Congreso puede anular un veto.

La Constitución, como se mencionó, tiene poderes divididos entre el gobierno federal y los estados. El gobierno federal tiene el poder de imprimir dinero, declarar la guerra, crear un ejército y hacer tratados, mientras que los estados tienen el poder de proporcionar escolarización y otra educación, proporcionar protección (policía), proporcionar seguridad (departamentos de bomberos), otorgar una licencia de conducir y aprobar la zonificación y el uso de la tierra.

Derechos y Responsabilidades

A partir de la promulgación de la Constitución, se introdujeron cuatro enmiendas que definieron mejor a quién se le permitía votar y en qué condiciones. La combinación de estas enmiendas dio como resultado una imagen en la que todos los ciudadanos estadounidenses varones mayores de dieciocho (18) años, independientemente de su raza, tienen derecho a votar. Una de estas 4 enmiendas también establecía que los ciudadanos no tenían que pagar ningún impuesto para votar.

Más tarde, en 1920, otra enmienda también extendió el derecho al voto a las mujeres.

Como resultado, hoy en día todos los ciudadanos estadounidenses (independientemente de su raza o género) mayores de 18 años pueden votar, y esto refleja la naturaleza democrática del país.

Pero si bien el voto es sin duda el principal medio por el cual los estadounidenses participan en la democracia, no es el único. Hay muchos otros, y la mayoría de ellos están ayudando en una campaña, participando en un grupo comunitario y apoyando u oponiéndose públicamente a un tema o política.

Los ciudadanos estadounidenses no solo tienen derechos, sino también responsabilidades. Por ejemplo, ejercer el derecho al voto durante las elecciones federales, aunque no es obligatorio, es tan importante que se considera una responsabilidad ciudadana. Otra responsabilidad de los ciudadanos estadounidenses es servir en jurados.

Si bien es cierto que, dependiendo de las responsabilidades a las que estén sujetos, algunos derechos, como el derecho a votar en las elecciones federales o el derecho a trabajar en oficinas federales, están reservados solo para los ciudadanos, Estados Unidos garantiza una amplia gama de derechos a todos los que viven en el país. Los más importantes de estos derechos son la libertad de expresión, expresión, religión, reunión, presentación de peticiones al gobierno y el derecho a portar armas.

Los ciudadanos estadounidenses tienen la tradición de recitar el Juramento de Lealtad para mostrar lealtad a los Estados Unidos y su bandera. Usted también deberá prestar un juramento similar al final de su viaje de naturalización si desea convertirse en ciudadano estadounidense.

Sin embargo, por el juramento que hace al concluir su viaje de naturalización, también prometerá renunciar a la lealtad a otros países, defender la Constitución y las leyes de los Estados Unidos, obedecer la ley de los Estados Unidos, servir en el ejército, si es necesario, hacer un trabajo importante para la nación, si es necesario, y ser leal a los Estados Unidos.

Otros dos elementos que necesita saber sobre los derechos y responsabilidades de los ciudadanos estadounidenses para tener éxito durante el Examen son:

- Todos los ciudadanos estadounidenses deben presentar los formularios de impuestos federales sobre la renta antes del 15 de abril de cada año.

- Todos los ciudadanos o inmigrantes entre las edades de 18 y 26 años deben registrarse para el Servicio Selectivo dentro de los 30 días de cumplir 18 años, o dentro de los 30 días de llegar a los Estados Unidos.

Historia Estadounidense – Material de Estudio

Este capítulo cubre toda la información que necesita para responder correctamente a cada una de las 30 preguntas oficiales de USCIS relacionadas con el tema "Historia Americana".

Específicamente, aprenderá lo que necesita saber sobre la independencia estadounidense y el período colonial, la historia estadounidense del siglo 1800 y la historia estadounidense reciente.

Época Colonial e Independencia

La colonización del continente americano comenzó después de que el navegante Cristóbal Colón descubriera la existencia del continente y lo diera a conocer al resto del mundo en 1492.

Pero incluso antes de que comenzara la colonización por los europeos, el territorio ya estaba habitado por las poblaciones nativas americanas (también conocidas como indios americanos).

Los colonos llegaron a América en busca de libertad, libertad política y oportunidades económicas.

Había 13 colonias en ese momento. Fueron Massachusetts, Pensilvania, Rhode Island, New Hampshire, Connecticut, Nueva York, Nueva Jersey, Virginia, Delaware, Carolina del Norte, Carolina del Sur, Georgia y Maryland. Después de que esta tierra fue colonizada por los británicos, los africanos fueron llevados a América y vendidos como esclavos.

Como se mencionó anteriormente, los primeros colonos estadounidenses fueron a América en busca de libertad. Pero los británicos comenzaron a oprimir a los colonos imponiendo fuertes impuestos, y no se les dio autogobierno. Además, los soldados británicos comenzaron a quedarse en las casas de los estadounidenses, lo que resultó en el fenómeno llamado "embarque" o "acuartelamiento"." Esto convenció a los colonos de luchar contra el ejército británico para obtener la independencia. La Declaración de Independencia fue adoptada el 4 de julio de 1776 y fue escrita por Thomas Jefferson.

Después de la Declaración de Independencia, como se mencionó anteriormente, hubo otro evento clave en la historia de Estados Unidos, la creación y adopción de la Constitución, redactada en 1787 por los "Padres Fundadores" durante la Convención Constitucional.

En el momento de la redacción de la Constitución, los líderes se dividieron en dos bloques: Federalistas y Anti federalistas. Aquellos que estaban a favor de la Constitución y que la apoyaron con sus documentos, como James Madison, Alexander Hamilton, John Jay y *Publius* (Publius es un seudónimo con el que Hamilton, Madison y Jay firmaron algunos de estos documentos) eran los federalistas. Estaban a favor de crear un gobierno central fuerte que facilitara las relaciones entre los estados individuales.

Los que se oponían a la ratificación de la Constitución y eran defensores de una forma diferente de gobierno, basada en pequeños gobiernos locales, eran anti federalistas.

Una figura central en la historia de Estados Unidos durante este período fue George Washington. Desempeñó un papel destacado en la elaboración de la Constitución, así como en la guerra de independencia de los Estados Unidos. También fue el primer presidente de los Estados Unidos y por estas razones ha sido honrado como el "Padre de Nuestro País."

Los años 1800

Los Estados Unidos, que técnicamente nacieron con la Declaración de Independencia (hasta entonces, se consideraban 13 colonias separadas), después de obtener la independencia, comenzaron a expandir su territorio y, por lo tanto, compraron el Territorio de Luisiana a Francia en

1803. El país también luchó en muchas guerras durante este período, como la Guerra de 1812, la Guerra Civil Estadounidense, la Guerra México-Estadounidense y la Guerra Hispanoamericana.

Entre ellos, el más importante es la Guerra Civil Estadounidense, también conocida como la " Guerra entre los Estados." Fue una guerra interna entre los estados del Norte de Estados Unidos (los Estados Unidos o la Unión), dirigida por el presidente Abraham Lincoln y los estados del Sur (la Confederación). La guerra fue causada principalmente por posiciones en desacuerdo sobre la esclavitud, que los estados del norte querían abolir, y sobre otros temas económicos.

La guerra fue ganada por los estados del norte, que gradualmente lograron forzar la liberación de esclavos.

El símbolo más importante del proceso de abolición de la esclavitud fue la Proclamación de Emancipación, emitida por el presidente Abraham Lincoln, que estableció la transición inmediata de millones de afroamericanos de esclavos a la libertad.

Por el papel que desempeñó durante la Guerra Civil, hoy el presidente Lincoln es considerado el salvador de la Unión.

Historia Estadounidense Reciente y Otra Información Histórica Importante

Después de la era de la guerra de la década de 1800, la era de la década de 1900 tampoco fue muy pacífica. Durante la década de 1900, Estados Unidos luchó en las Guerras Mundiales 1 y 2, la Guerra Fría, la Guerra de Corea, la Guerra de Vietnam y la Guerra del Golfo. Esta era también incluyó el período oscuro de la Gran Depresión, cuando Estados Unidos atravesó una crisis económica durante la presidencia de Franklin Roosevelt. Después de esta era de guerras, comenzó una ola de movimientos en todo Estados Unidos para la protección y garantía de los derechos de los afroamericanos. Bajo el liderazgo de Martin Luther King, el" Movimiento de Derechos Civiles " luchó por los derechos civiles de los afroamericanos y exigió la igualdad de derechos para todos los ciudadanos. Los objetivos que el movimiento pudo lograr, resultaron en la extensión y mayor protección de varios derechos básicos para los afroamericanos.

Uno de los eventos recientes más importantes en la historia de Estados Unidos fue el ataque a las Torres Gemelas en la ciudad de Nueva York el 11 de septiembre de 2001, que cobró la vida de miles de ciudadanos estadounidenses inocentes.

Educación Cívica Integrada – Material de Estudio

Este capítulo cubre toda la información que necesita para responder correctamente a cada una de las 13 preguntas oficiales de USCIS relacionadas con el tema " Educación Cívica Integrada". Específicamente, aprenderá lo que necesita saber sobre Geografía, Símbolos y Días festivos.

Geografía

Estados Unidos es el tercer país más grande del mundo. Limita al Este con el Océano Atlántico y al Oeste con el Océano Pacífico. El país limita al norte con Canadá y al sur con México (para obtener una lista completa de todos los estados de los Estados Unidos que limitan con Canadá y México, consulte las respuestas a las preguntas 92 y 93 de las preguntas de educación cívica de USCIS. Encontrará la lista completa de las 100 preguntas de USCIS con explicaciones de respuestas guiadas en capítulos posteriores).

El país tiene algunos de los ríos más largos del mundo, como el río Missouri y el río Mississippi. El país tiene una topografía y un clima variados debido a su vasta tierra. Aunque cada estado tiene su capital, la capital del país es Washington, DC. En 1886, el pueblo de Francia dio un regalo de amistad a los Estados Unidos en forma de una estatua de cobre, que se llama "La estatua de la Libertad", instalada en Liberty Island en el río Hudson en la ciudad de Nueva York.

Finalmente, hay un grupo de territorios (que se denominan "territorios de los Estados Unidos" en el Examen) ubicados en el Océano Pacífico y el Mar Caribe que, aunque no forman parte del continente americano, están bajo la jurisdicción del gobierno de los Estados Unidos. Estos territorios son Puerto Rico, las Islas Vírgenes de los Estados Unidos, Samoa Americana, las Islas Marianas del Norte y Guam.

Símbolos

La bandera estadounidense tiene 13 rayas y 50 estrellas. Las rayas simbolizan las antiguas 13 colonias, mientras que las estrellas simbolizan los 50 estados americanos. El himno nacional de Estados Unidos es "The Star-Spangled Banner."

Días Feriados

Los ciudadanos de los Estados Unidos celebran muchas fiestas, muchas de las cuales están asociadas con sus creencias religiosas, como Navidad, Pascua, etc., y algunos están asociados con la historia del país, como el Día de la Raza, el Día de la Independencia (celebrado el 4 de julio) y el día de Martin Luther King, Jr. etc. Al mismo tiempo, algunos días feriados están asociados con celebraciones generales, como Acción de Gracias, Nochevieja, Día del Trabajo, etc.

Examen de Práctica de Inglés

Atención: a menos que pertenezca a una de las categorías de exención descritas en el capítulo sobre Elegibilidad y Requisitos, deberá hacer todo el examen en inglés.

Por este motivo, los exámenes de práctica de esta guía están en inglés.

Como se anticipó, el examen de inglés se divide en 3 partes: expresión oral, lectura y escritura.

El Examen de Expresión Oral

Durante el examen de expresión oral, el oficial de USCIS le hará preguntas generales sobre temas similares a los que ha cubierto al completar su solicitud, como el código postal, el apellido, el nombre, el apellido y otra información general.

El funcionario determinará la elegibilidad del candidato en función de su dominio del inglés, como se demuestra al responder las preguntas.

En la mayoría de los casos, el funcionario puede determinar la capacidad de hablar del solicitante durante la entrevista formal de elegibilidad en el formulario N-400, el formulario para solicitar la naturalización. No es necesario que aprenda hechos históricos u otro material académico para esta sección. Un conocimiento básico del idioma inglés y la capacidad de responder preguntas de manera comprensible es suficiente.

El examen de Lectura

Durante el examen de lectura, se le pedirá que lea hasta 3 oraciones. Solo necesitará leer una de estas 3 frases correctamente para aprobar el Examen. Las oraciones que se le pedirá que lea serán oraciones de uso común o se relacionarán con uno de los temas de estudio. Solo su conocimiento de inglés se evalúa durante este Examen.

Los términos utilizados en las oraciones que se le pedirá que lea en esta sección se basan en la Lista oficial de Vocabulario de Lectura de USCIS, que puede encontrar en su totalidad en la página 36.

El Examen de Escritura

Durante el examen de escritura, se le pedirá que escriba hasta 3 oraciones. Solo necesitará escribir 1 de estas 3 oraciones correctamente para aprobar esta sección del Examen.

Las oraciones que se le pedirá que lea serán oraciones de uso común o se relacionarán con uno de los temas de estudio. Solo se evalúa el dominio del inglés durante esta parte del Examen.

Los términos de las oraciones que se le pedirá que lea en esta sección se basan en la Lista oficial de Vocabulario de Escritura de USCIS, que puede encontrar en su totalidad en la página 37.

.

Para seguir la Lista oficial de Vocabulario de Lectura de USCIS:

CIVICS	VERBS	OTHER (CONTENT)	HOLIDAYS	PLACES
American Flag	Can	Colors	Presidents' Day	America
Bill of Rights	Come	Dollar Bill	Memorial Day	U.S.
Capital	Do/Does	First	Flag Day	United States
Citizen	Elects	Largest	Independence Day	**PEOPLE**
City	Have/Has	Many	Labor Day	Abraham Lincoln
Congress	Is/Are/Was/Be	Most	Columbus Day	George Washington
Country	Lives/Lived	North	Thanksgiving	**QUESTION WORDS**
Father of Our Country	Meet	One	**OTHER (FUNCTION)**	How
Government	Name	People	A	What
President	Pay	Second	For	When
Right	Vote	South	Here	Where
Senators	Want		In	Who
State/States			Of	Why
White House			On	
			The	
			To	
			We	

Para seguir la Lista oficial de Vocabulario de Escritura de USCIS:

PEOPLE	OTHER(CONTENT)	CIVICS	VERBS	OTHER (FUNCTION)
Adams	Blue	American Indians	Can	And
Lincoln	Dollar Bill	Capital	Come	During
Washington	Fifty/50	Citizens	Elect	For
PLACES	First	Civil War	Have/Has	Here
Alaska	Largest	Congress	Is/Was/Be	In
California	Most	Father of Our Country	Lives/Lived	Of
Canada	North	Flag	Meets	On
Delaware	One	Free	Pay	The
Mexico	One Hundred /100	Freedom of speech	Vote	To
New York City	People	President	Want	We
United States	Red	Right	HOLIDAYS	MONTHS
Washington	Second	Senators	Presidents' Day	February
Washington, D. C.	South	State/States	Memorial Day	May
	Taxes	White House	Flag Day	June
	White		Independence Day	July
			Labor Day	September
			Columbus Day	October
			Thanksgiving	November

Examen de práctica de lectura 1

A continuación se muestra una lista de 10 oraciones del mismo tipo que las que se le pedirá que lea en el Examen de lectura y construidas con los mismos términos que se muestran en la Lista oficial de Vocabulario de Lectura de USCIS.

Ser capaz de leer estas oraciones correctamente implica que está en condiciones de aprobar el examen de lectura.

1. Who is the father of our country?

2. What is the name of our national flag?

3. Who is the current President of the United States?

4. Every American citizen has the right to vote.

5. My father lives in a southern state.

6. North and South states fought during the Civil War.

7. Senators meet during sessions of Congress.

8. We celebrate Independence Day on the 4th of July.

9. George Washington is the father of our country.

10. Abraham Lincoln was the 16th U.S. President.

Examen de práctica de lectura 2

A continuación se muestra una lista de 10 oraciones del mismo tipo que las que se le pedirá que lea en el Examen de lectura y construidas con los mismos términos que se muestran en la Lista oficial de Vocabulario de Lectura de USCIS.

Ser capaz de leer estas oraciones correctamente implica que está en condiciones de aprobar el examen de lectura.

1. I want to vote.

2. Why are there only 100 senators?

3. Why is Columbus Day celebrated?

4. Give me a one-dollar bill.

5. People celebrate Thanksgiving every year.

6. Where is the largest state of the United States?

7. Who will pay for me?

8. It is my right to vote.

9. There are three colors in our flag.

10. I want to meet the President.

Examen de práctica de escritura 1

A continuación se muestra una lista de 10 oraciones del mismo tipo que las que se le pedirá que escriba en el Examen de escritura y construidas con los mismos términos que se muestran en la Lista oficial de Vocabulario de Escritura de USCIS.

Practique pidiéndole a alguien a tu lado que te lea cada oración y trata de escribirla. Cuando haya terminado de escribir, regrese y mire las oraciones de los ejemplos para verificar que las haya escrito correctamente.

1. The President of the United States celebrated Thanksgiving.

2. I visited my family in New York City.

3. South and North states fought during the Civil War on slavery.

4. A hundred people protested outside the White House.

5. Freedom of speech is a basic human right.

6. George Washington is the father of our country.

7. The right to vote was granted to citizens of the United States.

8. Citizens of the United States have freedom of speech.

9. Can you give me a 100-dollar bill?

10. Washington, D.C., is the capital of the United States.

Examen de práctica de escritura 2

A continuación se muestra una lista de 10 oraciones del mismo tipo que las que se le pedirá que lea en el Examen de escritura y construidas con los mismos términos que se muestran en la Lista oficial de Vocabulario de Escritura de USCIS.

Practique pidiéndole a alguien a tu lado que te lea cada oración y trata de escribirla. Cuando haya terminado de escribir, regrese y mire las oraciones de los ejemplos para verificar que las haya escrito correctamente.

1. Americans celebrate Columbus Day every year.

2. My grandmother meets us on Thanksgiving.

3. Every American citizen must pay his taxes.

4. I will visit Mexico during the holidays.

5. A red flag is a sign of danger.

6. My sister lives in California.

7. Labor Day is celebrated on 1st May.

8. Abraham Lincoln was the 16th President of the United States.

9. American citizens are free to follow any religion.

10. There are 100 senators in the upper house of Congress.

Examen de práctica de expresión oral 1 – preguntas

Esta sección comprende un conjunto de preguntas que replican las que se le harán durante la primera parte de la Entrevista, aquella en la que el oficial de USCIS le hará preguntas que, en la mayoría de los casos, se relacionan con temas similares a los que se abordan al completar la solicitud de naturalización.

Al identificar las respuestas correctas en esta sección, le resultará más fácil responder las preguntas durante la entrevista real.

1. **Mr. John Fitzgerald Kennedy was the 35th President of the United States.**

   a) *What is Mr. John Fitzgerald Kennedy's first name?*

   _____

   b) *What is Mr. John Fitzgerald Kennedy's family/last name?*

   _____

   c) *What is Mr. John Fitzgerald Kennedy's middle name?*

   _____

2. **Alex was born in Canada but now lives in Texarkana, Texas. Her address is 688 Hall Place, Apt. C6, Texarkana, Texas**

   a) *What is Alex's country of birth?*

   _____

   b) *Where does Alex currently live?*

   _____

What is Alex's street name?

_____

c) *What is Alex's apartment number?*

_____

d) *What is Alex's zip code?*

_____

3. **Bill is a carpenter at Custom Hardwood Doors. He has been working there for 3 years.**

a) *What is the name of Bill's Employer?*

_____

b) *What is Bill's occupation?*

_____

4. **Bob has two daughters and a son. His wife divorced him last month.**

a) *How many children does Bob have?*

_____

b) *What is Bob's marital status?*

_____

5. **Marisa is living in Illinois, Chicago. Previously, she lived in Philadelphia, Pennsylvania.**

a) *Where does Marisa live now?*

_____

b) Where did Marisa live before that?

_____

6. **Every year, Jeff takes three trips. He goes to Bali, Indonesia, for recreation every summer for a month. He visits his parents in Florida during Christmas for 10 days. He also visits his friends in Italy for a week.**

a) How much time does Jeff spend outside the U.S. every year?

_____

b) How many trips does he take outside the U.S.?

_____

c) Which two countries does Jeff visit each year?

_____

d) Where does he go in summer?

_____

e) How many trips does he take inside the US?

_____

f) Which U.S. states does Jeff visit each year?

_____

Examen de práctica de expresión oral 1 – respuestas

- **Question 1**

    a) John

    b) Kennedy

    c) Fitzgerald

- **Question 2**

    a) Canada

    b) Texas

    c) Hall place

    d) C6

    e) 03866

- **Question 3**

    a) Custom Hardwood Doors

    b) Carpenter

- **Question 4**

    a) 3

    b) Divorced

- **Question 5**

    a) Chicago

    b) Pennsylvania

- **Question 6**

    a) 5 weeks

    b) 2 trips

    c) Italy and Indonesia

    d) Bali, Indonesia

    e) One

    f) Florida

Examen de práctica de expresión oral 2 – preguntas

Similar al examen de expresión oral 1, esta es otra simulación que replica oraciones similares a las que podría escuchar o tener que decir durante el Examen. El objetivo de esta prueba es seleccionar la oración que tenga un significado similar a la oración principal.

Reconocer la respuesta correcta en esta prueba lo hace desarrollar habilidades que lo ayudarán en gran medida a responder correctamente al oficial de USCIS.

1. **Anna <u>rarely</u> misses school.**

   a) Anna occasionally misses school.

   b) Anna never misses school.

   c) Anna always misses school.

2. **Let me <u>verify</u> this question.**

   a) Let me see if the information is true.

   b) Let me know if the information is true.

   c) Let me check if the information is true.

3. **Bob, can you tell me your <u>marital status</u>?**

   a) Tell me if you are living on rent.

   b) Tell me if you are married, separated, divorced, widowed, or single.

   c) Tell me if you are an American citizen.

4. **I <u>swear</u> to honor the flag.**

   a) I promise to honor the flag.

   b) I say to honor the flag.

   c) I think to honor the flag.

5. Maria **registered** for the drama club.

   a) Maria signed up for the drama club.

   b) Maria went to the drama club.

   c) Maria requested the drama club.

6. How is your **spouse** doing?

   a) How is your daughter or son doing?

   b) How is your brother or sister doing?

   c) How is your husband or wife doing?

7. Can you tell me your **current address?**

   a) Where are you from?

   b) Where do you live?

   c) Where is your hometown?

8. Kindly tell me your **date of birth**.

   a) The date when you were born.

   b) The date of your marriage.

   c) The date of your registration.

9. Jason **advocates** the Black Lives Matter movement.

   a) Jason demands the Black Lives Matter movement.

   b) Jason supports the Black Lives Matter movement.

   c) Jason follows the Black Lives Matter movement.

10. James **failed to** appear in court.

   a) James appears early in court.

   b) James did not appear in court.

   c) James stopped appearing in court.

11. I live near a <u>federal</u> government building.

    a) I live near a private building.

    b) I live near a public building.

    c) I live near the U.S. government building.

12. You are <u>exempt</u> from the test.

    a) You do not have to take the test.

    b) You must take the exam.

    c) You failed the exam.

13. Do you have any <u>prior</u> experience in dancing?

    a) Do you dance?

    b) Do you go to dance?

    c) Have you danced before?

14. The status of the application is still <u>pending</u>.

    a) The application has not been approved yet.

    b) The application has been approved.

    c) The application has been rejected.

15. <u>Have you ever</u> taken an interview?

    a) Do you know what an interview is?

    b) In your lifetime, have you taken any interviews?

    c) Can you take an interview?

16. Jason is a <u>member</u> of the football club.

    a) Jason belongs to the football club.

    b) Jason follows the football club.

    c) Jason likes the football club.

17.Jason is a <u>resident</u> of the United States.

    a) Jason currently lives in the United States.

    b) Jason used to live in the United States.

    c) Jason will be living in the United States.

18.I <u>requested</u> the officer to provide me with the necessary information.

    a) I demanded the officer for the necessary information.

    b) I ordered the officer for necessary information.

    c) I asked the officer for the necessary information.

19.Anaya's <u>disability</u> does not prevent her from enjoying life.

    a) Anaya cannot enjoy life.

    b) Anaya has a physical disability, but it does not prevent her from enjoying life.

    c) Anaya does not enjoy life.

20. How many <u>dependents</u> do you have?

    a) How many people are you financially supporting?

    b) How many people are supporting you?

    c) How many people are living with you?

Examen de práctica de expresión oral 2 – respuestas

1. a) Anna occasionally misses school.

2. c) Let me check if the information is true.

3. b) Tell me if you are married, separated, divorced, widowed, or single.

4. a) I promise to honor the flag.

5. a) Maria signed up for the drama club.

6. c) How is your husband or wife doing?

7. b) Where do you live?

8. a) The date when you were born.

9. b) Jason supports the Black Lives Matter movement.

10. b) James did not appear in court.

11. c) I live near the U.S. government building.

12. a) You do not have to take the test.

13. c) Have you danced before?

14. a) The application has not been approved yet.

15. b) In your lifetime, have you taken any interviews?

16. a) Jason belongs to the football club.

17. a) Jason currently lives in the United States.

18. c) I asked the officer for the necessary information.

19. b) Anaya has a physical disability, but it does not prevent her from enjoying life.

20. a) How many people are you financially supporting?

Flashcards Bonus

Estimado futuro ciudadano estadounidense, le agradecemos la confianza que nos está brindando al prepararse para el Examen de Naturalización con nuestra Guía de Estudio. Es por eso que nos complace compartir este contenido exclusivo y extremadamente valioso con usted.

Aquí las 2 principales ventajas de usar nuestras flashcards:

- Ayuda a almacenar información rápidamente, facilitando la memorización a largo plazo a través del proceso de "recuerdo activo", que implica recordar en su mente la misma información una y otra vez. Que es exactamente lo que sucede cuando entrenas con flashcards.

- Darle una idea clara de las preguntas que se le harán en el examen real. De esta manera, su mente ya estará acostumbrada a la prueba que enfrentará, dándote la tranquilidad adecuada para hacerlo sin la menor ansiedad. Lo que a menudo marca la diferencia entre aprobar o reprobar.

¿Está listo para agregar esta poderosa herramienta a su caja de herramientas para tomar Exámenes?

Escanee el código QR y obtenga sus 100 flashcards bonus de inmediato:

Estimado Futuro Ciudadano Estadounidense,

en primer lugar, gracias de nuevo por comprar nuestro producto.

En segundo lugar, ¡felicidades! Si está utilizando nuestra Guía, se encuentra entre los pocos que están dispuestos a hacer lo que sea necesario para sobresalir en el Examen y no están satisfechos con solo intentarlo.

Creamos nuestras Guías de Estudio con el mismo espíritu. Queremos ofrecer a nuestros estudiantes solo lo mejor para ayudarlos a obtener lo mejor a través de información precisa y fácil de usar.

Por eso **su éxito es nuestro éxito**, y si cree que nuestra Guía lo ayudó a lograr sus objetivos, nos encantaría que se tomara 60 segundos de su tiempo para dejarnos una reseña en Amazon.

Gracias de nuevo por confiar en nosotros al elegir nuestra Guía y buena suerte con su nueva vida como ciudadano estadounidense.

Sinceramente,
High Score Study Team

Escanee el código QR para dejar una reseña (solo le lleva 60 segundos):

Las 100 Preguntas de USCIS con Explicación de Respuesta

En este capítulo, se le proporcionará el conjunto de 100 preguntas oficiales de educación cívica de USCIS tomadas del Examen de Educación Cívica de 2008, que es lo que todavía se usa hoy en 2023-2024 a menos que haya solicitado entre el 1 de diciembre de 2020 y el 1 de marzo de 2021 (consulte el capítulo "Examen de Educación Cívica: Cómo funciona" para obtener más detalles). También se le proporcionará una explicación para cada pregunta. Tenga en cuenta que el oficial de USCIS designado le hará estas preguntas verbalmente. No se le harán las 100 preguntas. En su lugar, se le hará un conjunto aleatorio de 10 preguntas, y se espera que responda correctamente 6 de estas preguntas.

Preguntas de Educación Cívica para el Examen de Naturalización

(Nota: Las preguntas de esta sección están tomadas de la lista oficial de USCIS. Si está familiarizado con la historia de los Estados Unidos o tiene información general sobre el tema, es posible que conozca respuestas alternativas a algunas de las preguntas. Sin embargo, USCIS recomienda que responda con las opciones que se dan en esta sección). Tenga en cuenta que no es necesario dar todas las respuestas enumeradas en la sección a continuación. Es suficiente dar una sola respuesta a menos que se especifique lo contrario en la pregunta o que el examinador la formule explícitamente.

Además, si tiene más de 65 años, es posible que deba estudiar solo 20 de las 100 preguntas y hacerse el examen en función de ellas. Las 20 preguntas para mayores de 65 años están marcadas con un asterisco (*).

Gobierno Estadounidense

Principios de la democracia estadounidense

1. *¿Cuál es la ley suprema de la nación?*

- *La Constitución*

Explicación: La Constitución de los Estados Unidos de América es la ley suprema del país. Es la base de todas las autoridades federales e impone limitaciones significativas al poder ejecutivo que salvaguardan las libertades fundamentales de los estadounidenses. Se esbozó con la cooperación del legislativo estatal y la autoridad soberana del pueblo.

2. *¿Qué hace la Constitución?*

- Establece el gobierno

- Define el gobierno

- Protege los derechos básicos de los ciudadanos estadounidenses

Explicación: La Constitución describe las tres ramas principales del gobierno federal y sus respectivas responsabilidades. También especifica la legislación fundamental del gobierno federal de los Estados Unidos.

3. *Las primeras tres palabras de la Constitución contienen la idea del autogobierno (de que el pueblo se gobierna a sí mismo). ¿Cuáles son estas palabras?*

- Nosotros, el pueblo

Explicación: Las primeras 3 palabras de la Constitución "nosotros, el pueblo" introducen el concepto de autogobierno. En este contexto, "nosotros, el pueblo" significa que son los propios ciudadanos los que deciden crear un gobierno. Las palabras "nosotros, el pueblo" también indican que los ciudadanos eligen representantes para hacer leyes, y la combinación de estas dos características define el concepto de autogobierno.

4. ¿Qué es una enmienda?

- Un cambio (a la Constitución)

- Una adición (a la Constitución)

Explicación: Una enmienda puede definirse como un cambio o una adición a la Constitución.

5. ¿Con qué nombre se conocen las primeras diez enmiendas a la Constitución?

- La Carta de Derechos

Explicación: Las primeras diez (10) Enmiendas a la Constitución se conocen como la Declaración de Derechos. Describen los derechos que los estadounidenses tienen con respecto a su gobierno. Salvaguardan los derechos y libertades civiles del individuo, como la libertad de expresión, prensa, reunión y religión.

6. ¿Cuál es un derecho o libertad que la Primera Enmienda garantiza? *

- Expresión

- Religión

- Reunión

- Prensa

- Peticionar al gobierno

Explicación: La primera enmienda de la Constitución de los Estados Unidos protege la libertad de expresión, reunión, prensa, religión y petición al gobierno.

7. ¿Cuántas enmiendas tiene la Constitución?

- Veintisiete (27)

Explicación: Con el tiempo, la Constitución de los Estados Unidos ha sufrido algunos cambios (enmiendas) para mejorar la protección de los derechos de sus ciudadanos. Hasta la fecha, ha habido 27 enmiendas a la Constitución.

8. ¿Qué hizo la Declaración de Independencia?

- Anunció nuestra independencia (de Gran Bretaña)

- Declaró nuestra independencia (de Gran Bretaña)

- Dijo que los Estados Unidos se independizó (de Gran Bretaña)

Explicación: Las trece antiguas colonias de los Estados Unidos declararon su independencia del Imperio Británico a través de la Declaración de Independencia el 4 de julio de 1776. La Declaración de Independencia anunció la independencia de los Estados Unidos del Imperio Británico y declaró al país libre.

9. ¿Cuáles son _dos_ derechos en la Declaración de la Independencia?

- La vida

- La libertad

- La búsqueda de la felicidad

Explicación: _"Sostenemos que estas Verdades son evidentes por sí mismas, que todos los Hombres son creados iguales, que están dotados por su Creador de ciertos derechos inalienables, que entre estos se encuentran la Vida, la Libertad y la búsqueda de la felicidad."_ - de la Declaración de Independencia

10. ¿En qué consiste la libertad de religión?

- Se puede practicar cualquier religión o no practicar ninguna

Explicación: La libertad religiosa es el derecho a seguir o no seguir cualquier religión. Es una disposición de la Primera Enmienda de la Constitución de los Estados Unidos y se aplica a cualquier persona que viva en los Estados Unidos.

11. ¿Cuál es el sistema económico de los Estados Unidos? *

- Economía capitalista

- Economía de mercado

Explicación: El sistema económico de los Estados Unidos es una mezcla de economía capitalista y economía de mercado. En la economía de los Estados Unidos, tanto las empresas privadas como el gobierno desempeñan un papel importante.

12. ¿En qué consiste el "estado de derecho" (ley y orden)?

- Todos deben obedecer la ley

- Los líderes deben obedecer la ley

- El gobierno debe obedecer la ley

- Nadie está por encima de la ley

Explicación: El "Estado de Derecho" es el concepto que expresa cómo todos deben estar sujetos a las mismas leyes (incluidos los gobiernos, legisladores y líderes), que todos son iguales ante la ley y que nadie está por encima de la ley.

Sistema de Gobierno

13. Nombre una rama o parte del gobierno.*

- Congreso

- Poder legislativo

- Presidente

- Poder ejecutivo

- Los tribunales

- Poder judicial

Explicación: el gobierno de los Estados Unidos consta de tres ramas separadas: legislativa, ejecutiva y judicial. Los jueces dependen del poder ejecutivo del gobierno para hacer cumplir las decisiones judiciales.

14. ¿Qué es lo que evita que <u>una</u> rama del gobierno se vuelva demasiado poderosa?

- Pesos y contrapesos

- Separación de poderes

Explicación: el gobierno de los Estados Unidos consta de tres ramas separadas: legislativa, ejecutiva y judicial. Cada una de estas ramas tiene sus propios poderes que no son propios de las otras dos. Este sistema se construyó para evitar que una sola rama del gobierno tuviera tanto poder que pudiera escapar al control de las otras dos ramas. Este mecanismo de tener tres ramas separadas, cada una de las cuales tiene sus propios poderes y puede supervisar a las otras dos, se llama "Separación de Poderes" o "Controles y Equilibrios"."

15. ¿Quién está a cargo de la rama ejecutiva?

- El Presidente

Explicación: El poder ejecutivo está encabezado por el Presidente. El Vicepresidente y otros departamentos y comités ejecutivos también forman parte de esta rama.

16. ¿Quién crea las leyes federales?

- El Congreso

- El Senado y la Cámara (de Representantes)

- La legislatura (nacional o de los Estados Unidos)

Explicación: El Congreso, que comprende el Senado y la Cámara de Representantes, tiene el poder de hacer leyes federales. Juntos, el Senado y la Cámara de Representantes también se pueden definir como la legislatura.

17. ¿Cuáles son las <u>dos</u> partes que integran el Congreso de los Estados Unidos? *

- El Senado y la Cámara (de Representantes)

Explicación: En conjunto, la cámara alta (Senado) y la cámara baja (Cámara de Representantes) forman el Congreso, que a su vez forma el poder legislativo de los Estados Unidos.

18. ¿Cuántos senadores de los Estados Unidos hay?

- Cien (100)

> **Explicación:** Cada estado tiene 2 senadores, mientras que el número de representantes varía de un estado a otro en función de la población de cada estado.
> Dado que hay 50 estados en los Estados Unidos y cada estado elige 2 senadores, el Senado consta de un total de cien (100) senadores.
> Los senadores son elegidos por un período de 6 años, y los representantes son elegidos por 2 años. Los senadores pueden postularse para tantos mandatos como elijan. Su responsabilidad en el Senado es representar a todos los ciudadanos de su estado (Explicación similar para las preguntas 19, 22, 23 y 24).

19. ¿De cuántos años es el término de elección de un senador de los Estados Unidos?

- Seis (6)

20. Nombre a uno de los senadores actuales del estado donde usted vive. *

- Las respuestas variarán. [Los residentes del Distrito de Columbia y los territorios de los Estados Unidos deberán contestar que D.C. (o territorio en donde vive el solicitante) no cuenta con senadores a nivel nacional].

- Escanee este código QR para obtener una lista completa de todos los senadores de los Estados Unidos:

21. ¿Cuántos miembros votantes tiene la Cámara de Representantes?

- Cuatrocientos treinta y cinco (435)

22. ¿De cuántos años es el término de elección de un representante de los Estados Unidos?

- Dos (2)

23. Dé el nombre de su representante a nivel nacional.

- Las respuestas variarán. [Los residentes de territorios con delegados no votantes o los comisionados residentes pueden decir el nombre de dicho delegado o comisionado. Una respuesta que indica que el territorio no tiene representantes votantes en el Congreso también es aceptable].

- Escanee este código QR para obtener una lista completa de todos los Representantes de los Estados Unidos:

24. ¿A quiénes representa un senador de los Estados Unidos?

- A todas las personas del estado

25. ¿Por qué tienen algunos estados más representantes que otros?

- (debido a) la población del estado

- (debido a que) tienen más gente

- (debido a que) algunos estados tienen más gente

Explicación: Cada estado elige un número de representantes que aumenta a medida que aumenta la población. Cuanto mayor sea la población del estado, más candidatos podrá elegir ese estado. El gobierno de los Estados Unidos realiza un censo cada 10 años para contar a los ciudadanos de los Estados Unidos. El censo determina el número total de personas en cada estado. También determina cuántos representantes se pueden elegir dentro de cada estado individual. Los distritos se utilizan para dividir el estado. Se elige un representante en cada distrito.

26. ¿De cuántos años es el término de elección de un presidente?

- Cuatro (4)

Explicación: La vigésimo segunda Enmienda, ratificada en 1951, restringe a los presidentes a dos mandatos de cuatro años. Nadie puede servir más de dos mandatos de cuatro años como presidente.

27. ¿En qué mes votamos por un nuevo presidente? *

- Noviembre

Explicación: Las elecciones presidenciales son siempre en noviembre. En 1845, el Congreso declaró que noviembre era el mes ideal para las elecciones. En ese momento, la mayoría de los estadounidenses vivían en granjas. Los agricultores habían terminado de cosechar sus cultivos en noviembre, lo que les facilitó salir a votar. Noviembre tampoco fue tan severo como la temporada de invierno.

28. ¿Cómo se llama el actual Presidente de los Estados Unidos? *

- Joseph R. Biden

- Joe Biden

- Biden

Explicación: El actual presidente de los Estados Unidos a partir de 2021 es Joe Biden. Sin embargo, el presidente cambia después de las elecciones. Por lo tanto, debe saber el nombre del Presidente actual en el momento en que realiza el Examen. Las actualizaciones de las versiones más recientes se pueden adquirir escaneando el siguiente código QR:

29. ¿Cómo se llama el actual Vicepresidente de los Estados Unidos?

- Kamala D. Harris

- Kamala Harris

- Harris

Explicación: La actual vicepresidenta de los Estados Unidos a partir de 2021 es Kamala Harris. Sin embargo, el Vicepresidente cambia después de las elecciones; por lo tanto, debe saber el nombre del Vicepresidente actual en el momento en que realiza el Examen. Las actualizaciones sobre el Vicepresidente más reciente se pueden adquirir escaneando el siguiente código QR:

30. Si el Presidente ya no puede cumplir sus funciones, ¿quién se convierte en Presidente?

- El Vicepresidente

Explicación: Si el Presidente no puede servir, el Vicepresidente se convierte en Presidente. En el caso de que tanto el Presidente como el Vicepresidente no puedan servir, el presidente de la Cámara de Representantes se convierte en presidente.

31. Si tanto el Presidente como el Vicepresidente ya no pueden cumplir sus funciones, ¿quién se convierte en Presidente?

- El Presidente de la Cámara de Representantes

Explicación: La misma explicación para la pregunta 30

32. ¿Quién es el Comandante en Jefe de las Fuerzas Armadas?

- El Presidente

33. ¿Quién firma los proyectos de ley para convertirlos en ley?

- El Presidente

34. ¿Quién veta los proyectos de ley?

- El Presidente

35. ¿Qué hace el Gabinete del Presidente?

- Asesora al Presidente

Explicación: El gabinete asesora al Presidente sobre asuntos y proyectos de ley importantes. Está formado por el Vicepresidente y los jefes de 15 departamentos ejecutivos (que en otros ordenamientos jurídicos pueden denominarse ministerios).

36. ¿Cuáles son <u>dos</u> puestos a nivel de gabinete?

- Secretario de Agricultura

- Secretario de Comercio

- Secretario de Defensa

- Secretario de Educación

- Secretario de Energía

- Secretario de Salud y Servicios Humanos

- Secretario de Seguridad Nacional

- Secretario de Vivienda y Desarrollo Urbano

- Secretario del Interior

- Secretario del Trabajo

- Secretario de Estado

- Secretario de Transporte

- Secretario del Tesoro

- Secretario de Asuntos de los Veteranos

- Procurador General

- Vicepresidente

37. ¿Qué hace la rama judicial?

- Revisa las leyes

- Explica las leyes

- Resuelve disputas (desacuerdos)

- Decide si una ley va en contra de la constitución

38. ¿Cuál es el tribunal más alto de los Estados Unidos?

- La Corte Suprema

Explicación: La Corte Suprema es el tribunal más alto del país. La Corte Suprema considera si una ley viola la Constitución. Todos los demás tribunales deben seguir las normas establecidas por el Tribunal Supremo. La sentencia de la Corte Suprema debe ser seguida por todos los estados.

39. ¿Cuántos jueces hay en la Corte Suprema?

- Nueve (9)

Explicación: La Corte Suprema actual tiene nueve jueces: un Presidente del Tribunal Supremo y ocho Jueces Asociados.
Para obtener información actualizada sobre el número de jueces, escanee el siguiente código QR:

40. De acuerdo a nuestra Constitución, algunos poderes pertenecen al gobierno federal. ¿Cuál es un poder del gobierno federal?

- John Roberts

- John G. Roberts, Jr.

Explicación: El actual presidente del Tribunal Supremo de los Estados Unidos a partir de 2005 es John G. Roberts. Sin embargo, el Presidente del Tribunal Supremo cambia. Debe saber el nombre del Presidente del Tribunal Supremo actual al momento de tomar el Examen. Las actualizaciones sobre el Presidente del Tribunal Supremo más reciente se pueden adquirir escaneando el siguiente código QR:

41. De acuerdo a nuestra Constitución, algunos poderes pertenecen al gobierno federal. ¿Cuál es un poder del gobierno federal?

- Imprimir dinero

- Declarar la guerra

- Crear un ejército

- Suscribir tratados

42. De acuerdo a nuestra Constitución, algunos poderes pertenecen a los estados. ¿Cuál es un poder de los estados?

- Proveer escuelas y educación

- Proveer protección (policía)

- Proveer seguridad (cuerpos de bomberos)

- Conceder licencias de conducir

- Aprobar la zonificación y uso de la tierra

43. ¿Quién es el gobernador actual de su estado?

- Las respuestas variarán. [Los residentes del Distrito de Columbia deben decir "no tenemos gobernador"].

  Escanee el código QR para ver la lista completa de todos los gobernadores:

44. ¿Cuál es la capital de su estado? *

- Las respuestas variarán. [Los residentes del Distrito de Columbia deben contestar que el D.C. no es estado y que no tiene capital. Los residentes de los territorios de los Estados Unidos deben dar el nombre de la capital del territorio].

- A continuación, una lista completa de todas las capitales de los Estados Unidos.

Estado	Capital	Estado	Capital
Alabama	Montgomery	Indiana	Indianápolis
Alaska	Juneau	Iowa	Des Moines
Arizona	Phoenix	Kansas	Topeka
Arkansas	Little Rock	Kentucky	Frankfort
California	Sacramento	Luisiana	Baton Rouge
Colorado	Denver	Maine	Augusta
Connecticut	Hartford	Maryland	Annapolis
Delaware	Dover	Massachusetts	Boston
Florida	Tallahassee	Michigan	Lansing
Georgia	Atlanta	Minnesota	Saint Paul
Hawaii	Honolulu	Mississippi	Jackson
Idaho	Boise	Missouri	Jefferson City
Illinois	Springfield	Montana	Helena

Estado	Capital		Estado	Capital
Nebraska	Lincoln		Rhode Island	Providence
Nevada	Carson City		South Carolina	Columbia
New Hampshire	Concord		South Dakota	Pierre
New Jersey	Trenton		Tennessee	Nashville
New Mexico	Santa Fe		Texas	Austin
New York	Albany		Utah	Salt Lake City
North Carolina	Raleigh		Vermont	Montpelier
North Dakota	Bismarck		Virginia	Richmond
Ohio	Columbus		Washington	Olympia
Oklahoma	Oklahoma City		West Virginia	Charleston
Oregon	Salem		Wisconsin	Madison
Pennsylvania	Harrisburg		Wyoming	Cheyenne

45. ¿Cuáles son los dos principales partidos políticos de los Estados Unidos? *

- Demócrata y Republicano

Explicación: Los dos partidos políticos más grandes de los Estados Unidos son el Partido Demócrata y el Partido Republicano. Los demócratas están representados por un símbolo de burro. El Partido Republicano está representado por un símbolo de elefante.

46. ¿Cuál es el partido político del Presidente actual?

- Demócrata (partido)

Explicación: Para obtener información sobre el último partido del Presidente en el momento del examen, escanee el siguiente código QR:

47. ¿Cómo se llama el Presidente actual de la Cámara de Representantes?

- Escaño vacante

- Kevin McCarthy (Hasta octubre de 2023)

Explicación: Kevin Owen McCarthy es un político estadounidense, Presidente de la Cámara de Representantes desde el 7 de enero hasta el 3 de octubre de 2023, día en que fue destituido del cargo tras la aprobación por parte de la Cámara de Representantes de una moción para destituirlo. Para información sobre las últimas actualizaciones del Presidente de la Cámara de Representantes en el momento del examen, escanee el siguiente código QR:

Derechos y responsabilidades

48. Existen cuatro enmiendas a la Constitución sobre quién puede votar. Describa _una_ de ellas.

- Ciudadanos de dieciocho (18) años en adelante (pueden votar)

- No se exige pagar un impuesto para votar (el impuesto para acudir a las urnas o "poll tax" en inglés)

- Cualquier ciudadano puede votar. (Tanto mujeres como hombres pueden votar)

- Un hombre ciudadano de cualquier raza (puede votar).

Explicación: Desde la independencia, se han hecho 4 enmiendas a la Constitución de los Estados Unidos para garantizar el derecho al voto.

49. ¿Cuál es _una_ responsabilidad que corresponde sólo a los ciudadanos de los Estados Unidos?*

- Prestar servicio en un jurado

- Votar en una elección federal

Explicación: Los ciudadanos de los Estados Unidos están calificados para votar en las elecciones federales. Votar es esencial. Sin embargo, no hay ninguna ley que obligue a los ciudadanos a votar. Es solamente una responsabilidad moral. En cambio, los ciudadanos tienen la obligación de formar parte de los jurados cuando se les pide. Si un ciudadano recibe una citación para formar parte de un jurado, debe obedecer. Un jurado es un grupo de personas que se sientan en una sala para escuchar un juicio. El resultado del juicio se decide por votación del jurado.

50. ¿Cuál es _un_ derecho que pueden ejercer sólo los ciudadanos de los Estados Unidos?

- Votar en una elección federal

- Postularse a un cargo político federal

Explicación: Solo los ciudadanos de los Estados Unidos son elegibles para votar y postularse para cargos estatales. A través de sus representantes elegidos, los ciudadanos hacen leyes. Hay varios legisladores y senadores en los Estados Unidos que fueron ciudadanos naturalizados. Los ciudadanos naturalizados, sin embargo, no pueden convertirse en presidente.

51. ¿Cuáles son _dos_ derechos que pueden ejercer todas las personas que viven en los Estados Unidos?

- Libertad de expresión

- Libertad de la palabra

- Libertad de reunión

- Libertad para peticionar al gobierno

- Libertad de religión

- Derecho a portar armas

52. ¿A qué demostramos nuestra lealtad cuando decimos el Juramento de Lealtad (Pledge of Allegiance)?

- A los Estados Unidos

- A la bandera

Explicación: Como ciudadano estadounidense, se espera que jure lealtad para mostrar lealtad a la bandera y a los Estados Unidos de América. También se compromete a permanecer leal al país, defender y obedecer la Constitución y la ley del país, y servir a la nación cuando y si es necesario.

53. ¿Cuál es _una_ promesa que usted hace cuando se convierte en ciudadano de los Estados Unidos?

- Renunciar a la lealtad a otros países

- Defender la constitución y las leyes de los estados unidos

- Obedecer las leyes de los estados unidos

- Prestar servicio en las fuerzas armadas de los estados unidos (de ser necesario)

- Prestar servicio a (realizar trabajo importante para) la nación (de ser necesario)

- Ser leal a los estados unidos

Explicación: Para convertirse en ciudadano de los Estados Unidos, después de aprobar el Examen, deberá prestar juramento. Durante este juramento, hará una serie de promesas (enumeradas anteriormente) que deben hacer explícita su lealtad a los Estados Unidos.

54. ¿Cuántos años tienen que tener los ciudadanos para votar por el Presidente? *

- Dieciocho (18) años en adelante

Explicación: Para votar por el presidente, los ciudadanos deben tener 18 años o más. La Vigésimo sexta Enmienda fue agregada a la Constitución por el Congreso y los estados en 1971 porque la generación más joven había ampliado su conciencia cívica y política y, por lo tanto, se consideró apropiado permitirles votar.

55. ¿Cuáles son _dos_ maneras mediante las cuales los ciudadanos americanos pueden participar en su democracia?

- Votar
- Afiliarse a un partido político
- Ayudar en una campaña
- Unirse a un grupo cívico
- Unirse a un grupo comunitario
- Llamar a los senadores y representantes
- Compartir su opinión acerca de un asunto con un oficial electo
- Apoyar u oponerse públicamente a un asunto o política
- Postularse a un cargo político
- Enviar una carta o mensaje a un periódico

*56. ¿Cuál es la fecha límite para enviar la declaración federal de impuestos sobre ingresos? ***

- El 15 de abril

Explicación: Si presenta una declaración de impuestos de año calendario y su año tributario termina el 31 de diciembre, la fecha límite para presentar su declaración de impuestos federal sobre los ingresos individuales generalmente es el 15 de abril de cada año.

57. ¿Cuándo deben inscribirse todos los hombres en el Servicio Selectivo?

- A la edad de dieciocho (18) años

- Entre los dieciocho (18) y veintiséis (26) años de edad

Explicación: Entre las edades de 18 y 26 años, todos los hombres deben registrarse para el Servicio Selectivo. Al inscribirse, le está diciendo al gobierno que está dispuesto a participar en el servicio militar si es necesario. No está obligado a participar en el servicio militar a menos que lo desee.

Historia Estadocunidense

Época Colonial e Independencia

58. ¿Cuál es una razón por la que los colonos vinieron a América?

- Libertad

- Libertad política

- Libertad religiosa

- Oportunidad económica

- Para practicar su religión

- Para huir de la persecución

Explicación: Los colonos habían llegado a América en busca de libertad. A veces, querían escapar de diferentes formas de persecución y tener libertad política y poder practicar su religión libremente.

59. ¿Quiénes vivían en lo que hoy conocemos como los Estados Unidos antes de la llegada de los europeos?

- Indios americanos

- Nativos americanos

Explicación: Los nativos americanos (también indios americanos) vivieron en América antes de que los europeos llegaran a esta tierra y la colonizaran.

60. ¿Qué grupo de personas fue traído a los Estados Unidos y vendidos como esclavos?

- Africanos

- Gente de África

Explicación: A principios de 1500, millones de personas de África fueron traídas a América como esclavos. Los amos de esclavos consideraron a los esclavos como propiedad durante cientos de años. Este fue un factor importante que contribuyó a la Guerra Civil. Después de que la Guerra Civil terminó en 1865, la esclavitud fue abolida. Las personas que habían sido esclavas obtuvieron la libertad.

61. ¿Por qué lucharon los colonos contra los británicos?

- Debido a los impuestos altos (impuestos sin representación)

- El ejército británico estaba en sus casas (alojándose, acuartelándose)

- Porque no tenían gobierno propio

Explicación: Los colonos habían llegado a América en busca de libertad. Pero los británicos comenzaron a oprimirlos imponiendo fuertes impuestos y no permitiéndoles el autogobierno. Además, los soldados británicos comenzaron a ocupar las casas de los estadounidenses. Esto convenció a los estadounidenses de luchar contra los británicos.

62. ¿Quién escribió la Declaración de Independencia?

- (Thomas) Jefferson

63. ¿Cuándo fue adoptada la Declaración de Independencia?

- El 4 de julio de 1776

Explicación de las preguntas 62 y 63: La Declaración de Independencia fue aprobada por las colonias el 4 de julio de 1776. La Declaración de Independencia fue escrita por Thomas Jefferson. Afirmaba que las colonias habían sido liberadas del dominio británico. La Declaración fue firmada por representantes de las 13 colonias. El 4 de julio de 1776, por lo tanto, se considera la fecha en que los Estados Unidos de América nacieron oficialmente como una nación independiente.

64. Había 13 estados originales. Nombre _tres_.

- New Hampshire
- Delaware
- Massachusetts
- Maryland
- Rhode Island
- Virginia
- Connecticut
- North Carolina
- New York
- South Carolina
- New Jersey
- Georgia
- Pennsylvania

Explicación: New Hampshire, Massachusetts, Rhode Island, Connecticut, Nueva York, Nueva Jersey, Pensilvania, Delaware, Maryland, Virginia, Carolina del Norte, Carolina del Sur y Georgia fueron los primeros 13 estados. Los trece estados iniciales fueron los primeros trece territorios británicos. Para responder a esta pregunta correctamente, solo necesita recordar el nombre de 3 de las 13 colonias.

65. ¿Qué ocurrió en la Convención Constitucional?

- Se redactó la Constitución
- Los Padres Fundadores redactaron la Constitución

Explicación: Después de la Declaración de Independencia, la Constitución fue redactada por los "Padres Fundadores" durante la "Convención Constitucional" en 1787. Cincuenta y cinco delegados de 12 de los 13 estados originales asistieron a la Convención para discutir el sistema de gobierno y redactar la Constitución de los Estados Unidos. Los estados decidieron aprobar la Constitución después de la Convención Constitucional.

66. ¿Cuándo fue redactada la Constitución?

- 1787

67. Los escritos conocidos como "Los Documentos Federalistas" respaldaron la aprobación de la Constitución de los Estados Unidos. Nombre uno de sus autores.

- (James) Madison

- (Alexander) Hamilton

- (John) Jay

- Publius

Explicación: En el momento de la redacción de la Constitución, los líderes se dividieron en dos bloques: Federalistas y Antifederalistas. Los que estaban a favor de la Constitución y que la apoyaban con sus "papeles", como James Madison, Alexander Hamilton y John Jay (los tres a menudo escribían bajo el seudónimo colectivo "Publius") eran los federalistas.

68. Mencione una razón por la que es famoso Benjamin Franklin.

- Diplomático americano

- El miembro de mayor edad de la convención constitucional

- Primer director general de correos de estados unidos

- Autor de "poor richard's almanac" (almanaque del pobre richard)

- Fundó las primeras bibliotecas gratuitas

69. ¿Quién se conoce como el "Padre de Nuestra Nación"?

- (George) Washington

Explicación: El papel que George Washington desempeñó durante la Guerra de la Independencia significó que fue reconocido a partir de ese momento como el "Padre de Nuestro País".

70. ¿Quién fue el primer Presidente? *

- (George) Washington

Explicación: Desempeñó un papel destacado en la elaboración de la Constitución, así como en la guerra de independencia de los Estados Unidos. También fue el primer presidente de los Estados Unidos y por estas razones ha sido honrado como el "Padre de Nuestro País."

Los años 1800

71. ¿Qué territorio compró Estados Unidos a Francia en 1803?

- El territorio de Louisiana

- Louisiana

Explicación: Después de obtener la independencia, Estados Unidos comenzó a expandir su territorio y, por lo tanto, compró el Territorio de Luisiana, o Luisiana, a Francia en 1803.

72. Mencione una guerra en la que peleó los Estados Unidos durante los años 1800.

- La Guerra de 1812

- La Guerra entre México y los Estados Unidos

- La Guerra Civil

- La Guerra Hispano-Estadounidense (Hispano-americana)

Explicación: Para obtener más información sobre este tema, consulte el capítulo "Historia de Estados Unidos – Material de estudio.".

73. Dé el nombre de la guerra entre el Norte y el Sur de los Estados Unidos.

- La Guerra Civil

- La Guerra entre los Estados

Explicación: Fue una guerra interna entre los estados del Norte de Estados Unidos (los Estados Unidos o la Unión), dirigida por el presidente Abraham Lincoln y los estados del Sur (la Confederación). La guerra fue causada principalmente por posiciones en desacuerdo sobre la esclavitud, que los estados del norte querían abolir, y sobre otros temas económicos.
La guerra fue ganada por los estados del norte, que gradualmente lograron forzar la liberación de esclavos.

74. Mencione <u>un</u> problema que condujo a la Guerra Civil.

- Esclavitud

- Razones económicas

- Derechos de los estados

Explicación: La Guerra Civil comenzó como resultado de disputas sobre la esclavitud y otros asuntos, como las preocupaciones económicas y los derechos de los Estados. Algunas personas pensaban que la esclavitud debería prohibirse, mientras que otras no. Los afroamericanos esclavizados fueron utilizados como mano de obra en granjas y en ciudades cuando comenzó la Guerra Civil en 1861. Muchas personas en el sur pensaban que los esclavos eran necesarios para su economía y su vida cotidiana. Al mismo tiempo, la gente del Norte quería que se aboliera la esclavitud. El Sur luchó en la Guerra Civil para preservar la legalidad de la esclavitud. En 1865, el Norte ganó la guerra. La esclavitud se hizo ilegal en todos los estados. (la misma explicación se aplica a las preguntas: 75 y 76)

75. ¿Cuál fue <u>una</u> cosa importante que hizo Abraham Lincoln? *

- Liberó a los esclavos (Proclamación de la Emancipación)

- Salvó (o preservó) la Unión

- Presidió los Estados Unidos durante la Guerra Civil

76. ¿Qué hizo la Proclamación de la Emancipación?

- Liberó a los esclavos

- Liberó a los esclavos de la confederación

- Liberó a los esclavos en los estados de la confederación

- Liberó a los esclavos en la mayoría de los estados del sur

77. ¿Qué hizo Susan B. Anthony?

- Luchó por los derechos de la mujer

- Luchó por los derechos civiles

Explicación: Susan B. Anthony fue una figura clave en el movimiento por los derechos de las mujeres y el movimiento por los derechos civiles. Pronunció charlas a favor de los derechos de las mujeres, en particular el derecho al voto. En 1872 Susan B. Anthony incluso intentó votar y fue arrestada. Después de su muerte en 1906, la lucha continuó, y la Decimonovena Enmienda, que otorgaba a las mujeres el derecho al voto, se agregó a la Constitución en 1920.

Historia estadounidense reciente y otra información histórica importante

78. Mencione una guerra durante los años 1900 en la que peleó los Estados Unidos.*

- La Primera Guerra Mundial

- La Segunda Guerra Mundial

- La Guerra de Corea

- La Guerra de Vietnam

- La Guerra del Golfo (Pérsico)

Explicación: Durante la década de 1900, Estados Unidos luchó en las Guerras Mundiales 1 y 2, la Guerra Fría, la Guerra de Corea, la Guerra de Vietnam y la Guerra del Golfo.

79. ¿Quién era el presidente durante la Primera Guerra Mundial?

- (Woodrow) Wilson

Explicación: Woodrow Wilson era el presidente estadounidense en el momento de la Primera Guerra Mundial. No se unió a la guerra hasta finales de 1917.

80. ¿Quién era presidente durante la Gran Depresión y la Segunda Guerra Mundial?

- (Franklin) Roosevelt

Explicación: Elegido en 1933, Franklin D. Roosevelt fue el presidente de los Estados Unidos durante la Gran Depresión y la Segunda Guerra Mundial. El término "Gran Depresión" se usa para referirse al período, de 1929 a 1939, durante el cual la economía de los Estados Unidos cayó precipitadamente, los bancos quebraron y muchas personas quedaron desempleadas. Franklin D. Roosevelt intentó reparar la economía. En 1941, Estados Unidos entró en la Segunda Guerra Mundial. Los estadounidenses lucharon junto a Gran Bretaña, la Unión Soviética, Francia y China contra Alemania, Italia y Japón. Franklin D. Roosevelt se desempeñó como presidente hasta su muerte en 1945.

81. ¿Contra qué países peleó Estados Unidos en la Segunda Guerra Mundial?

- Japón, Alemania e Italia

Explicación: En la Segunda Guerra Mundial, Estados Unidos luchó contra Alemania, Italia y Japón. Después de que Japón bombardeara Pearl Harbor (Hawai) en 1941, Estados Unidos entró en la Segunda Guerra Mundial. Alemania e Italia tenían a Japón como aliado. Unieron fuerzas para crear las "potencias del Eje." En 1945, Estados Unidos y sus aliados derrotaron a Japón, Alemania e Italia.

82. Antes de ser presidente, Eisenhower era general. ¿En qué guerra participó?

- Segunda Guerra Mundial

Explicación: Durante la Segunda Guerra Mundial, el presidente Dwight D. Eisenhower se desempeñó como general y comandó el Ejército estadounidense y las fuerzas aliadas en Europa Occidental. Era un héroe militar popular cuando regresó de la Segunda Guerra Mundial. En 1953, fue elegido presidente.

83. Durante la Guerra Fría, ¿cuál era la principal preocupación de los Estados Unidos?

- Comunismom

Explicación: Después del final de la Segunda Guerra Mundial, Estados Unidos y la URSS iniciaron una guerra fría que fue una guerra ideológica entre el comunismo y el capitalismo. Estados Unidos estaba preocupado por la propagación del comunismo a otros países. Estados Unidos quería difundir la libertad y la libertad en el mundo a través de la democracia y el capitalismo.

84. ¿Qué movimiento trató de poner fin a la discriminación racial?

- (el movimiento de) derechos civiles

Explicación: De 1954 a 1968, el movimiento por los derechos civiles fue una ideología política y un movimiento en los Estados Unidos para poner fin a la segregación racial estructural, la discriminación y la marginación en todo el país. Uno de los líderes más importantes de este movimiento fue Martin Luther King, Jr.

85. ¿Qué hizo Martin Luther King, Jr.? *

- Luchó por los derechos civiles

- Trabajó por la igualdad de todos los ciudadanos americanos

Explicación: Bajo el liderazgo de Martin Luther King, Jr., los estadounidenses lucharon por la libertad y los derechos civiles de los afroamericanos y exigieron la igualdad de derechos para todos los ciudadanos que se garantizaron, y los afroamericanos recibieron el voto y otros derechos fundamentales.

86. ¿Qué suceso de gran magnitud ocurrió el 11 de septiembre de 2001 en los Estados Unidos?

- Terroristas atacaron los Estados Unidos

Explicación: Fue uno de los eventos más trágicos de la historia de Estados Unidos. El ataque terrorista a las Torres Gemelas en la ciudad de Nueva York el 11 de septiembre de 2001, cobró la vida de miles de ciudadanos estadounidenses inocentes.

87. Mencione <u>una</u> tribu de indios americanos en los Estados Unidos.

- Cherokee
- Navajo
- Sioux
- Chippewa
- Choctaw
- Pueblo
- Apache
- Iroquois
- Creek
- Blackfeet
- Seminole

- Cheyenne
- Arawak
- Shawnee
- Mohegan
- Huron
- Oneida
- Lakota
- Crow
- Teton
- Hopi
- Inuit

Educación Cívica Integrado

Geografía

88. Mencione <u>uno</u> de los dos ríos más largos en los Estados Unidos.

- (el Río) Missouri
- (el Río) Mississippi

Explicación: El río Misuri y el río Misisipi son los dos ríos más largos de los Estados Unidos. El río Misuri es el río más largo de los Estados Unidos. Se origina en las Montañas Rocosas y recorre 2,341 millas, primero hacia el este y luego hacia el sur antes de desembocar en el río Mississippi. El río Mississippi fluye a través de 10 estados en los Estados Unidos. Comienza en Minnesota, cerca de la frontera con Canadá. Concluye en Luisiana.

---

89. ¿Qué océano está en la costa oeste de los Estados Unidos?

- (el Océano) Pacífico

Explicación: El Océano Pacífico baña toda la costa oeste de los Estados Unidos.

90. ¿Qué océano está en la costa este de los Estados Unidos?

- (el Océano) Atlántico

Explicación: Estados Unidos limita al este con el Océano Atlántico. Este océano se extiende desde la costa este de Estados Unidos hasta Europa y África. Otro dato interesante es que las 13 colonias iniciales se habían fundado a lo largo de la costa del Océano Atlántico.

91. Dé el nombre de un territorio de los Estados Unidos.

- Puerto Rico

- Islas Vírgenes de Estados Unidos

- Samoa Estadounidense

- Islas Marianas del Norte

- Guam

Explicación: Los "territorios de los Estados Unidos" son territorios ubicados entre el Océano Pacífico y el Mar Caribe que, aunque no forman parte del continente americano, están bajo la jurisdicción del gobierno de los Estados Unidos.

92. Mencione <u>un</u> estado que tiene frontera con Canadá.

- Maine
- New Hampshire
- Vermont
- New York
- Pennsylvania
- Ohio
- Michigan

- Minnesota
- North Dakota
- Montana
- Idaho
- Washington
- Alaska

93. Mencione <u>un</u> estado que tiene frontera con México.

- California
- Arizona
- New Mexico
- Texas

94. ¿Cuál es la capital de los Estados Unidos? *

- Washington, D.C.

95. ¿Dónde está la Estatua de la Libertad? *

- (el puerto de) Nueva York

- Liberty Island

[Otras respuestas aceptables son Nueva Jersey, cerca de la Ciudad de Nueva York y (el Río)

Hudson].

Explicación: En 1886, el pueblo de Francia dio un regalo de amistad a los Estados Unidos en forma de una estatua de cobre, que se llama "La estatua de la Libertad", instalada en Liberty Island en el río Hudson en la ciudad de Nueva York.

Simbolos

96. ¿Por qué hay 13 franjas en la bandera?

- Porque representan las 13 colonias originales

- Porque las franjas representan las colonias originales

Explicación: La misma explicación que la pregunta 97

97. ¿Por qué hay 50 estrellas en la bandera? *

- Porque hay una estrella por cada estado

- Porque cada estrella representa un estado

- Porque hay 50 estados

Explicación: La bandera estadounidense tiene 13 rayas y 50 estrellas. Las rayas simbolizan las antiguas 13 colonias, mientras que las estrellas simbolizan los 50 estados americanos. Cada estrella representa un estado, y hay una estrella para cada estado. (Misma explicación para la pregunta 96)

98. ¿Cómo se llama el himno nacional?

- The Star-Spangled Banner

Explicación: El himno nacional de Estados Unidos es "The Star-Spangled Banner." El himno gira en torno a la bandera estadounidense. Durante la guerra de 1812, los barcos británicos asaltaron Fort McHenry en Baltimore una noche. A lo largo de la noche, estallaron bombas. Desde un barco, un estadounidense llamado Francis Scott Key vio la batalla. Le preocupaba que Estados Unidos perdiera la pelea. Al día siguiente, notó la bandera estadounidense ondeando con la brisa. Era consciente de que Estados Unidos había ganado la pelea. Luego compuso "The Star-Spangled Banner", que actualmente es el himno nacional de los Estados Unidos.

Días Feriados

99. ¿Cuándo celebramos el Día de la Independencia? *

- El 4 de julio

Explicación: Las trece antiguas colonias de los Estados Unidos declararon su independencia del Imperio Británico a través de la Declaración de Independencia el 4 de julio de 1776. El 4 de julio desde entonces, se celebra como fiesta nacional cada año para conmemorar el Día de la Independencia del país.

100. Mencione dos días feriados nacionales de los Estados Unidos.

- El Día de Año Nuevo
- El Día de Martin Luther King, Jr.
- El Día de los Presidentes
- El Día de la Recordación
- El Día de la Independencia

- El Día del Trabajo
- El Día de la Raza (Cristóbal Colón)
- El Día de los Veteranos
- El Día de Acción de Gracias
- El Día de Navidad

Examen de práctica de Educación cívica

Atención: a menos que pertenezca a una de las categorías de exención descritas en el capítulo sobre Elegibilidad y Requisitos, deberá hacer todo el examen en inglés.

Por este motivo, los exámenes prácticos de esta guía están en inglés.

En este capítulo, encontrará 8 conjuntos de preguntas extraídas al azar de un grupo de 100 preguntas oficiales de USCIS.

Cada conjunto constará de 10 preguntas, ya que 10 es el número máximo de preguntas que se le pueden hacer durante el Examen de educación cívica.

Recuerde que durante el examen real, estas preguntas se harán verbalmente y usted tendrá que responderlas verbalmente.

Recuerde también que solo necesitará responder 6 preguntas correctamente para aprobar esta parte del Examen de naturalización.

Examen de práctica de educación cívica 1 – preguntas

1.
Who is the Commander-in-Chief of the military?

2.
During the Cold War, what was the main concern of the United States?

3.

Who did the United States fight in World War II?

_____

4.

What are the <u>two</u> parts of the U.S. Congress?

_____

5.

What does the Constitution do?

_____

6.

We elect a President for how many years?

_____

7.

What movement tried to end racial discrimination?

_____

8.

How old do citizens have to be to vote for President? *

_____

9.

What is the highest court in the United States?

_____

10.

What was <u>one</u> important thing that Abraham Lincoln did?

_____

Examen de práctica de educación cívica 1 – respuestas

Question 1

- The President

Question 2

- Communism

Question 3

- Japan, Germany, and Italy

Question 4

- The Senate and House (of Representatives)

Question 5

- Sets up the government
- Defines the government
- Protects basic rights of Americans

Question 6

- Four (4)

Question 7

- Civil rights (movement)

Question 8

- Eighteen (18) and older

Question 9

- The Supreme Court

Question 10

- Freed the slaves (Emancipation Proclamation)
- Saved (or preserved) the Union
- Led the United States during the Civil War

Examen de práctica de educación cívica 2 – preguntas

1.

What do we show loyalty to when we say the Pledge of Allegiance?

_____

2.

What is <u>one</u> responsibility that is only for United States citizens? *

_____

3.

What is the highest court in the United States?

_____

4.

Who signs bills to become law?

_____

5.

What is <u>one</u> responsibility that is only for United States citizens?

_____

6.

What ocean is on the West Coast of the United States?

_____

7.

Name <u>one</u> state that borders Canada.

_____

_____

8.

Before he was President, Eisenhower was a general. What war was he in?

_____

9.

What are <u>two</u> ways that Americans can participate in their democracy?

_____

10.

What is <u>one</u> reason colonists came to America?

_____

Examen de práctica de educación cívica 2 – respuestas

Question 1

- The United States
- The flag

Question 2

- Serve on a jury
- Vote in a federal election

Question 3

- The Supreme Court

Question 4

- The President

Question 5

- Serve on a jury
- Vote in a federal election

Question 6

- Pacific (Ocean)

Question 7

- Maine
- Minnesota
- New Hampshire
- North Dakota
- Vermont
- Montana
- New York
- Idaho
- Pennsylvania
- Washington
- Ohio
- Alaska
- Michigan

Question 8

- World War II

Question 9

- Vote
- Join a political party
- Help with a campaign
- Join a civic group
- Join a community group
- Give an elected official your opinion on an issue

- Call Senators and Representatives
- Publicly support or oppose an issue or policy
- Run for office
- Write to a newspaper

Question 10

- Freedom
- Political liberty
- Religious freedom

- Economic opportunity
- Practice their religion
- Escape persecution

Examen de práctica de educación cívica 3 – preguntas

1.

The idea of self-government is in the first three words of the Constitution. What are these words?

_____

2.

What are two Cabinet-level positions?

_____

3.

We elect a U.S. Representative for how many years?

_____

4.

If both the President and the Vice President can no longer serve, who becomes President?

_____

5.

Who wrote the Declaration of Independence?

_____

6.

Name one right only for United States citizens.

_____

7.

Who was President during the Great Depression and World War II?

_____

8.

When was the Declaration of Independence adopted?

_____

9.

Who was the first President?

_____

10.

What is the political party of the President now?

_____

Examen de práctica de educación cívica 3 – respuestas

Question 1

- We the People

Question 2

- Secretary of Agriculture
- Secretary of Commerce
- Secretary of Defense
- Secretary of Education
- Secretary of Energy
- Secretary of Health and Human Services
- Secretary of Homeland Security
- Secretary of Housing and Urban Development
- Secretary of the Interior
- Secretary of Labor
- Secretary of State
- Secretary of Transportation
- Secretary of the Treasury
- Secretary of Veterans Affairs
- Attorney General
- Vice President

Question 3

- Two (2)

Question 4

- The Speaker of the House

Question 5

- (Thomas) Jefferson

Question 6

- Vote in a federal election

- Run for federal office

Question 7

- (Franklin) Roosevelt

Question 8

- July 4, 1776

Question 9

- (George) Washington

Question 10

- Democratic party

Examen de práctica de educación cívica 4 – preguntas

1.

What is an amendment?

_____

2.

Why does the flag have 50 stars?

_____

3.

What is the "rule of law"?

_____

4.

What is <u>one</u> thing Benjamin Franklin is famous for?

_____

5.

How many U.S. Senators are there?

_____

6.

What is the capital of the United States? *

_____

7.

Name <u>one</u> problem that led to the Civil War.

_____

8.

What ocean is on the East Coast of the United States?

_____

9.

What group of people was taken to America and sold as slaves?

_____

10.

Who is the "Father of Our Country"?

_____

Examen de práctica de educación cívica 4 – respuestas

Question 1

- A change (to the Constitution)

- An addition (to the Constitution)

Question 2

- Because there is one star for each state

- Because each star represents a state

- Because there are 50 states

Question 3

- Everyone must follow the law

- Leaders must obey the law

- Government must obey the law

- No one is above the law

Question 4

- U.S. diplomat

- Oldest member of the Constitutional Convention

- First Postmaster General of the United States

- Writer of "Poor Richard's Almanac"

- Started the first free libraries

Question 5

- One hundred (100)

Question 6

- Washington, D.C.

Question 7

- Slavery

- Economic reasons

- States' rights

Question 8

- Atlantic (Ocean)

Question 9

- Africans

- People from Africa

Question 10

- (George) Washington

Examen de práctica de educación cívica 5 – preguntas

1.

What did Martin Luther King, Jr. do?

_____

2.

If the President can no longer serve, who becomes President?

_____

3.

Name <u>one</u> U.S. territory.

_____

4.

Who vetoes bills?

_____

5.

What is the economic system in the United States?

_____

6.

Who does a U.S. Senator represent?

_____

7.

Where is the Statue of Liberty?

_____

8.

Name <u>one</u> American Indian tribe in the United States.

_____

9.

In what month do we vote for President?

_____

10.

What is freedom of religion?

_____

Examen de práctica de educación cívica 5 – respuestas

Question 1

- Fought for civil rights
- Worked for equality for all Americans

Question 2

- The Vice President

Question 3

- Puerto Rico
- U.S. Virgin Islands
- American Samoa
- Northern Mariana Islands
- Guam

Question 4

- The President

Question 5

- Capitalist economy
- Market economy

Question 6

- All people of the state

Question 7

- New York (Harbor)
- Liberty Island

Question 8

- Cherokee
- Navajo
- Sioux
- Chippewa
- Choctaw
- Pueblo
- Apache
- Iroquois
- Creek
- Blackfeet
- Seminole

- Cheyenne
- Arawak
- Shawnee
- Mohegan
- Huron
- Oneida
- Lakota
- Crow
- Teton
- Hopi
- Inuit

Question 9

- November

Question 10

- You can practice any religion, or not practice a religion

Examen de práctica de educación cívica 6 – preguntas

1.

What major event happened on September 11, 2001, in the United States?

_____

2.

In what month do we vote for President?

_____

3.

Name <u>one</u> state that borders Mexico.

_____

4.

Why does the flag have 13 stripes?

_____

5.

What is the name of the President of the United States now?

_____

6.

How many justices are on the Supreme Court?

_____

7.

What did the Emancipation Proclamation do?

_____

8.

What does the President's Cabinet do?

_____

9.

There were 13 original states. Name <u>three</u>.

_____

10.
We elect a U.S. Senator for how many years?

Examen de práctica de educación cívica 6 – respuestas

Question 1

- Terrorists attacked the United States

Question 2

- November

Question 3

- California

- Arizona

- New Mexico

- Texas

Question 4

- Because there were 13 original colonies

- Because the stripes represent the original colonies

Question 5

- Joe Biden

Question 6

- Nine

Question 7

- Freed the slaves

- Freed slaves in the Confederacy

- Freed slaves in the Confederate states

- Freed slaves in most Southern states

Question 8

- Advises the President

Question 9

- New Hampshire
- Massachusetts
- Rhode Island
- Connecticut
- New York
- New Jersey
- Pennsylvania

- Delaware
- Maryland
- Virginia
- North Carolina
- South Carolina
- Georgia

Question 10

- Six (6)

Examen de práctica de educación cívica 7 – preguntas

1.

What is the name of the national anthem?

2.

Who lived in America before the Europeans arrived?

3.

The Federalist Papers supported the passage of the U.S. Constitution. Name <u>one</u> of the writers.

4.

What is the supreme law of the land?

5.

When is the last day you can send in federal income tax forms?

6.

What does the judicial branch do?

7.

What are <u>two</u> rights of everyone living in the United States?

8.

The House of Representatives has how many voting members?

_____

9.

Who is the Chief Justice of the United States now?

_____

10.

What is <u>one</u> promise you make when you become a United States citizen?

_____

Examen de práctica de educación cívica 7 – respuestas

Question 1

- The Star-Spangled Banner

Question 2

- American Indians

- Native Americans

Question 3

- (James) Madison

- (Alexander) Hamilton

- (John) Jay

- Publius

Question 4

- The Constitution

Question 5

- April 15

Question 6

- Reviews laws

- Explains laws

- Resolves disputes (disagreements)

- Decides if a law goes against the Constitution

Question 7

- Freedom of expression
- Freedom of speech
- Freedom of assembly
- Freedom to petition the government
- Freedom of religion
- The right to bear arms

Question 8

- Four hundred thirty-five (435)

Question 9

- John G. Roberts

Question 10

- Give up loyalty to other countries
- Defend the Constitution and laws of the United States
- Obey the laws of the United States
- Serve in the U.S. military (if needed)
- Serve (do important work for) the nation (if needed)
- Be loyal to the United States

Examen de práctica de educación cívica 8 – preguntas

1.

What did Susan B. Anthony do?

_____

2.

When do we celebrate Independence Day?

_____

3.

How many amendments does the Constitution have?

_____

4.

Why do some states have more Representatives than other states?

_____

5.

Name two national U.S. holidays.

_____

6.

Name one of the two longest rivers in the United States.

_____

7.

Who makes federal laws?

_____

8.

Under our Constitution, some powers belong to the federal government. What is <u>one</u> power of the federal government?

_____

9.

What territory did the United States buy from France in 1803?

_____

10.

What do we call the first ten amendments to the Constitution?

_____

Examen de práctica de educación cívica 8 – respuestas

Question 1

- Fought for women's rights
- Fought for civil rights

Question 2

- July 4

Question 3

- Twenty-seven (27)

Question 4

- (because of) the state's population
- (because) they have more people
- (because) some states have more people

Question 5

- New Year's Day
- Martin Luther King, Jr. Day
- Presidents' Day
- Memorial Day
- Independence Day
- Labor Day
- Columbus Day
- Veterans Day
- Thanksgiving
- Christmas

Question 6

- Missouri (River)
- Mississippi (River)

Question 7

- Congress

- Senate and House (of Representatives)

- (U.S. or national) legislature

Question 8

- To print money

- To declare war

- To create an army

- To make treaties

Question 9

- The Louisiana Territory

- Louisiana

Question 10

- The Bill of Rights

Estrategias de Toma de Exámenes

La estrategia más importante es leer esta guía a fondo y comprender la estructura del examen. Solo podrá prepararse para el examen si tiene conocimientos básicos de la misma. A continuación, se compartirán algunas estrategias que lo ayudarán a prepararse para su Examen de naturalización.

Siga el Material de Estudio

En esta guía, se han proporcionado todos los detalles importantes del examen. Siga cada capítulo cuidadosamente. También se le han proporcionado Exámenes de práctica y material de estudio que necesita para la preparación.

Mejore su Inglés

La mitad del examen comprende la parte en inglés. Es necesario tener un nivel básico de dominio del inglés para este examen. Puedes mejorar tu inglés viendo tus series en inglés favoritas. Al leer los subtítulos, también puede mejorar sus habilidades de lectura. Para hablar, intente practicar inglés con sus amigos y familiares.

Tome Exámenes De Práctica

La práctica es una herramienta clave de aprendizaje. Aproveche exámenes de práctica en esta guía para obtener la mayor práctica posible.

Aprenda la Porción de Educación Cívica en Partes

En el capítulo 3, se le ha proporcionado la parte de educación cívica en un formato de historia. Intente aprender la parte de educación cívica dividiéndola en porciones pequeñas como ya lo hemos hecho para usted, y si tiene suficiente tiempo, aprenda cada sección en un día.

Manténgase Actualizado

La parte de educación cívica tiene muchas preguntas relacionadas con asuntos de actualidad. Usted puede aprender fácilmente los nombres del Presidente, Vicepresidente, Senador, etc. si usted activamente escuchar y ver las noticias. También te ayudará en la sección de inglés.

Estimado Futuro Ciudadano Estadounidense,

en primer lugar, gracias de nuevo por comprar nuestro producto.

En segundo lugar, ¡felicidades! Si está utilizando nuestra Guía, se encuentra entre los pocos que están dispuestos a hacer lo que sea necesario para sobresalir en el Examen y no están satisfechos con solo intentarlo.

Creamos nuestras Guías de Estudio con el mismo espíritu. Queremos ofrecer a nuestros estudiantes solo lo mejor para ayudarlos a obtener lo mejor a través de información precisa, y fácil de usar.

Por eso **su éxito es nuestro éxito**, y si cree que nuestra Guía lo ayudó a lograr sus objetivos, nos encantaría que se tomara 60 segundos de su tiempo para dejarnos una reseña en Amazon.

Gracias de nuevo por confiar en nosotros al elegir nuestra Guía y buena suerte con su nueva vida como ciudadano estadounidense.

Sinceramente,
Equipo de Preparación de Exámenes de H. S.

Escanee el código QR para dejar un comentario (solo le lleva 60 segundos):

Principales Razones para la Denegación de Solicitudes y Estrategias para Evitarlas

Tomar la ciudadanía estadounidense es un proceso largo y bastante costoso. No le gustará cometer ningún error que pueda convertirse en el motivo del fracaso de su solicitud. Las principales razones que se discutirán en la sección a continuación, que pueden convertirse en la causa de la denegación de su solicitud.

Reprobar el Examen de Educación Cívica

Reprobar el examen de educación cívica puede resultar en la denegación de su solicitud, por lo tanto, no lo dé por sentado.

Reprobar el Examen de Inglés

Como se mencionó, debe aprobar las tres secciones del examen de inglés, es decir, lectura, escritura y expresión oral. Reprobar una o todas las dos veces puede reprobar su solicitud de ciudadanía.

No Entender o Hablar Inglés durante la Entrevista

Su entrevista se realizará en inglés. No se le permitirá tener un intérprete, y la entrevista se llevará a cabo en inglés. No entender o hablar inglés durante el proceso de solicitud N-400 puede fallar su solicitud. El oficial le hará preguntas simples relacionadas con su solicitud para evaluar su capacidad de hablar inglés.

Presentación Demasiado Pronto

Le hemos proporcionado toda la información y los requisitos de residencia que debe cumplir antes de solicitar la ciudadanía estadounidense. Si aún no está seguro de cuándo presentar la solicitud, puede usar la calculadora que encuentra escaneando este código QR:

Esto le ayudará a calcular su requisito de residencia y le permitirá saber si es elegible para la naturalización. Puede enviar la solicitud 90 días calendario antes de completar el requisito de residente permanente. Sin embargo, nuestra sugerencia es que presente su solicitud un par de días después de la fecha de vigencia más temprana, ya que en el pasado algunas solicitudes presentadas en la fecha de vigencia más temprana han sido rechazadas debido a errores de las oficinas en el cálculo de los plazos.

Perderse Su Entrevista

Se le enviará un correo electrónico un mes antes de la fecha de su entrevista. A veces, debido a un retraso del servicio postal, puede perderse su entrevista. Por lo tanto, debe tener una cuenta en línea desde donde pueda verificar el estado de su solicitud y la fecha de su entrevista. Revisa la pestaña de documentos de tu cuenta con regularidad. Su carta se mostrará en esta pestaña. No se pierda su entrevista bajo ninguna circunstancia. Sin embargo, si ocurre un incidente desafortunado y pierde su Entrevista, llame a USCIS lo antes posible y trate de reprogramar una nueva entrevista indicando su motivo para faltar a la Entrevista.

Cambiar Su Estado Civil Durante el Proceso

Si está solicitando a través del matrimonio, para el momento en que esté procesando su solicitud de naturalización, debe estar viviendo con su cónyuge ciudadano estadounidense hasta la ceremonia de juramento. Si se separa o se divorcia durante el proceso, ya no será elegible para solicitar a través del matrimonio y su solicitud será denegada. Luego, deberá retirar su solicitud y solicitar la elegibilidad de cinco años más adelante.

No Cumplir con el Requisito de Presencia Física

Puede viajar durante el proceso de su solicitud N-400. Sin embargo, deberá estar presente físicamente durante las entrevistas y completar su requisito de residencia también. También debe estar presente la mitad del tiempo durante su período legal en los Estados Unidos.

No Cumplir con el Requisito de Residencia Continua

La cantidad de tiempo necesaria para cumplir con los requisitos de residencia continua se discutió en detalle en el capítulo 2. Si no cumple con el requisito de residencia continua, su solicitud será denegada. La ausencia prolongada de los Estados Unidos puede interrumpir su residencia continua; por lo tanto, debe tratar de evitarlo. Un viaje de menos de 6 meses fuera de los Estados Unidos no interrumpirá su residencia continua y viceversa.

Si, por alguna emergencia, tuvo que salir de los Estados Unidos por más de 6 años, tendrá que proporcionar una prueba de su ausencia al oficial para demostrar que, a pesar de su ausencia, continuó teniendo una conexión con los Estados Unidos.

Puede presentar los siguientes documentos para demostrar sus conexiones con los EE.:

- Transcripciones de declaraciones de impuestos

- Prueba de no trabajar en ningún otro país

- Prueba de residencia de familiares inmediatos en los Estados Unidos durante su ausencia

- Prueba de su trabajo en los Estados Unidos

- Comprobante de registro y seguro de automóvil

- Recibos de pago de hipoteca

- Recibos de pagos de servicios públicos

No inscribirse en el Servicio Selectivo

Como se mencionó, deberá registrarse para el servicio selectivo y debe estar listo para servir voluntariamente al país cuando sea necesario. Si no se registra para el servicio selectivo, esto resultará en la denegación de su solicitud. Nota: esto solo se aplica a los solicitantes masculinos.

Falta de Buen Carácter Moral

"Un solicitante de naturalización debe demostrar que ha sido y sigue siendo una persona de buen carácter moral." - USCIS

Esto se aplica tanto al período de cinco años en el que solicita la naturalización como al período anterior.

Los siguientes actos se incluyen en la falta de buen carácter moral:

- Consumo habitual de alcohol

- Conducir bajo la influencia de alcohol/drogas

- Apuestas ilegales

- Participación en un delito

Si ha sido un ex delincuente o tiene antecedentes policiales, consulte a un abogado de inmigración.

No presentar Impuestos

También demuestra que tienes un buen carácter moral. Trate de presentar sus impuestos a tiempo para evitar cualquier problema durante su proceso de naturalización.

No Pagar la Manutención de los Hijos/Pensión Alimenticia

Debe pagar la manutención de los hijos o la pensión alimenticia de manera oportuna si tiene alguna. Mantenga sus documentos claros y presentes durante el tiempo de la entrevista.

No Presentar los Documentos a Tiempo

Si se le pide que traiga documentos adicionales después de su entrevista, intente enviarlos lo antes posible para evitar más problemas.

Mentir en su Solicitud y / o Entrevista

Usted está bajo juramento durante su entrevista. No mienta sobre nada. Si tiene alguna duda, siempre puede preguntarle al funcionario.

Los 7 Errores Principales que Debe Evitar en Sus Entrevistas

1. <u>No Revisar Su Formulario de Solicitud N-400</u>

Como se discutió anteriormente, el funcionario designado le hará preguntas de su formulario de solicitud. En pocas palabras, sus respuestas deben ser consistentes con las respuestas que ha proporcionado en su formulario de solicitud. Ya se le ha advertido que nunca debe mentir en su formulario de solicitud o durante su entrevista. Si por alguna razón no proporciona respuestas consistentes a su solicitud durante su entrevista, lo hará parecer sospechoso y podría resultar en el rechazo de su solicitud. Por lo tanto, trate de revisar su solicitud antes de ir a la entrevista.

2. <u>No Recordar los Cambios Realizados en Su Aplicación</u>

Si ha realizado cambios en su solicitud en función de nueva información, por ejemplo, una nueva dirección postal, etc., intente hacer una lista de todos estos cambios para que pueda evitar cualquier sospecha durante su entrevista.

3. <u>Olvidar sus Documentos Originales el Día de la Entrevista</u>

Durante la entrevista, los solicitantes deben presentar todos los documentos necesarios para respaldar lo que declararon durante la solicitud.

En particular, le recomendamos que siempre lo lleve consigo (La siguiente lista es proporcionada por el Servicio de Ciudadanía e Inmigración de los Estados Unidos):

- Su aviso de cita para entrevista.

- Formulario I-551, Tarjeta de Residente Permanente.

- Una identificación emitida por el estado, como una licencia de conducir.

- Todos los pasaportes y documentos de viaje válidos y vencidos que se le hayan emitido y que documenten sus ausencias de los Estados Unidos desde que se convirtió en residente permanente.

- Para obtener una lista de otros documentos que puede necesitar llevar consigo, lea el Formulario M-477, Lista de verificación de documentos.

Si no presenta estos documentos, causará una impresión negativa en el funcionario y, en el peor de los casos, puede llevar al rechazo de su solicitud.

4. Llegar Tarde a la Entrevista

Como se mencionó en el capítulo anterior, si se encuentra con alguna emergencia, comuníquese de inmediato con USCIS e infórmeles de su situación. Ellos reprogramarán su entrevista o lo acomodarán en un momento posterior el mismo día si llega unos minutos tarde o menos de una hora. Sin embargo, no debe llegar tarde, ya que esto causará una mala impresión y puede obstaculizar su proceso de naturalización.

5. Adivinando las respuestas

Si el inglés no es su primer idioma y tiene dificultades para entender la pregunta, pídale al oficial que le explique la pregunta con más detalle o en un lenguaje sencillo. Sin embargo, si intenta adivinar la respuesta, se generarán sospechas en torno a su caso y el oficial comenzará a analizarlo en profundidad. Peor aún, su solicitud puede ser denegada.

6. Vestimenta Inadecuada

Trate de vestirse con ropa formal el día de la entrevista. Evite usar lo siguiente:

- Jeans

- Shorts

- Pantalones de ejercicio

- Pantalonetas

- Camisetas sin mangas

- Chanclas

- Camisetas con estampados inapropiados, como eslóganes religiosos o políticos o gráficos ofensivos

Use un vestido cómodo el día de la entrevista.

7. No estudiar para los Exámenes de Inglés y Cívica

Una parte importante de esta guía se ha dedicado al estudio y la práctica de los Exámenes de inglés y cívica. Esto se debe a que estos son muy importantes y eventualmente decidirán su elegibilidad para la naturalización. Por lo tanto, concéntrese en estas áreas y estudie el material que se ha proporcionado en esta guía.

Cómo Corregir Errores En La Aplicación N-400

Si accidentalmente comete un error en su N-400, puede enmendar estos errores. En primer lugar, debe tener cuidado durante el proceso de redacción y presentación de su solicitud. Cuando complete el llenado de su solicitud, antes de enviarla:

- Revise su solicitud dos o tres veces para asegurarse de que ha escrito todo correctamente.

- Revise su solicitud con un amigo o familiar.

- Haga una copia de su solicitud antes de publicarla o enviarla en línea para que pueda leerla después y corregir cualquier posible error.

Si, incluso después de seguir estos pasos, comete un error, haga lo siguiente:

- Anote todos los errores que haya cometido.

- Reúna documentos de respaldo para respaldar cualquier cambio que desee realizar o que haya ingresado accidentalmente de manera incorrecta durante el proceso de solicitud.

- Traiga los documentos de respaldo el día de su entrevista y notifique al oficial los errores que haya cometido accidentalmente.

¿Qué Puede Descalificarlo de la Ciudadanía Estadounidense?

Si usted:

- Renunciar voluntariamente a su ciudadanía estadounidense, automáticamente será descalificado para la ciudadanía estadounidense.

- Se une a las fuerzas armadas de un país extranjero.

- Se postula para un cargo público en un país extranjero.

- Comete un acto de traición contra los Estados Unidos.

Cronología Descripción de Su Proceso de Solicitud

El tipo de procesamiento promedio para convertirse en ciudadano estadounidense es de alrededor de 14.5 meses. Este es solo el proceso de solicitud, y el proceso general de naturalización llevará más tiempo, ya que también implica otros pasos. El tiempo total para la naturalización varía de 18.5 a 24 meses. Se completa en los siguientes 5 pasos:

- El proceso de solicitud de la N-400 dura alrededor de 14,5 meses.

- Asistencia biométrica a citas. Este es el proceso formal de tomar sus huellas dactilares, y está programado aproximadamente un mes después de que USCIS reciba su solicitud de ciudadanía.

- Asistir a su entrevista de ciudadanía toma alrededor de 14 meses. Este paso incluye Exámenes de inglés y cívica.

- Recibirá una decisión por escrito de aprobación o continuación de su solicitud dentro de los 120 días posteriores a su Examen. Su solicitud continuará si no aprueba los exámenes o si no presenta todos los documentos requeridos en el momento de la entrevista. Su solicitud también puede ser denegada si no supera el examen dos veces, o si comete algún error que se haya mencionado en la sección anterior.

- Si la solicitud es aprobada, es probable que la ceremonia de juramento se lleve a cabo el mismo día de la entrevista y que reciba su certificado de ciudadanía al final de la ceremonia. De lo contrario, recibirá una carta con la fecha y el lugar de la próxima ceremonia a la que puede asistir, que generalmente se lleva a cabo entre 2 y 6 semanas después del Examen. Incluso entonces, recibirá su certificado al final de la ceremonia de juramento. Recuerde, incluso después de completar todos los pasos, el juramento es necesario y debe presentarse a su juramento en la fecha programada. De lo contrario, no se emitirá su Certificado de naturalización.

References

1.
Constitution, U.S. (1787)
2.
Constitution, U.S. (1791). First Amendment
3.
Schwartz, B. (1992). *The great rights of mankind: A history of the American 4.*
4.
Bill of Rights. Rowman & Littlefield.
5.
Chapter 2 – *English and Civics testing.* USCIS. (2021).
6.
Volume 12 -*Citizenship and Naturalization.* USCIS. (2021).
7.
How the exam works
https://www.immigrationfamilylawyer.com/
Law office of Van T. Doan
7.1
https://www.aparicioimmigrationlaw.com/
Aparicio immigration law
7.2
Guidance on Naturalization Civics Educational Requirement
file:///C:/Users/alber/Downloads/21022232-2.pdf
U.S. Citizen and Immigration Service
8.
Information on the Civics test 2020
https://www.uscis.gov/citizenship/2020test
U.S. Citizen and Immigration Service
9.
Information on how the U.S. government works
https://constitutionus.com/us-naturalization-test/if-President-and-vice-President-cannot-serve-who-becomes-President/
https://constitutionus.com/us-naturalization-test/what-does-Presidents-cabinet-do/
Constitutionus
https://en.wikipedia.org/wiki/Constitution_of_the_United_States
Wikipedia
10.
Information on the civil war
https://en.wikipedia.org/wiki/American_Civil_War_Centennial
Wikipedia
11.
Quotes from the U.S. Constitution
https://uscode.house.gov/static/constitution.pdf
Archives of the U.S. House of Representatives
12.
Quotes from the Declaration of Independence
https://www.archives.gov/founding-docs/declaration-transcript
U.S. National Archives
13.
Information on what documents to bring to the interview
https://my.uscis.gov/citizenship/what_to_expect
U.S. Citizen and Immigration Service

Credits

1.
Cover:
this cover has been designed using assets from Freepik.com.
Item 1 URL: https://www.freepik.com/free-photo/low-angle-shot-amazing-statue-liberty-new-york-usa_13562105.htm
Item 2 URL: https://www.freepik.com/free-photo/american-flag-isolated-white_20989005.htm#query=isolated%20us%20white&position=1&from_view=keyword
Both items are subject to a free license that allows use of the content for commercial and personal projects, on digital or printed media, for an unlimited number of times and without any time limits, from anywhere in the world, to make modifications and create derivative works.
2.
Civics Test Questions
All 100 civics test questions were taken from the official USCIS website
https://www.uscis.gov/sites/default/files/document/questions-and-answers/100q.pdf
3.
Explanations of procedures and timelines
Explanations regarding examination procedures and timelines faithfully reproduce what is reported in this regard on the official USCIS website.
https://www.uscis.gov/
4.
Writing Vocabulary List
The Writing Vocabulary List image is from the official USCIS website
https://www.uscis.gov/sites/default/files/document/guides/writing_vocab.pdf
5.
Reading Vocabulary List
The Reading Vocabulary List image is from the official USCIS website
https://www.uscis.gov/sites/default/files/document/guides/reading_vocab.pdf

Made in the USA
Las Vegas, NV
27 October 2023

79772100R00077